HUMAN

にほんご90日

90 Days of Japanese Language

教師用Navi【ナビ】

初級文法ハンドブック

星野恵子・辻 和子・村澤慶昭

UNICOM

はじめに

本書のねらいと特長

この本は次のような方々に使っていただきたいというねらいで作られています。

- 「にほんご90日」を使って教えている先生
- テキストは何であれ、日本語初級を教えている先生
- 日本語教育能力検定試験の受験勉強をしている方
- 日本語教育に興味をお持ちの方

この本は、まず「にほんご90日」を教える際の教師用指導書であることはもちろんですが、それだけにとどまらず、日本語初級の教え方のガイドブックとして広く利用していただけるように、初級の重要な学習項目のポイントを取り上げて解説しています。したがって、「にほんご90日」の第１課から第90課までの流れに忠実に沿ってガイドをしているわけではなく、学習項目をまとめ直し、再編してあります。ただし、各項目が「にほんご90日」のどの課に対応しているかは、＜授業の手順＞に記されていますので、テキストの当該課を参照すれば、一層よく理解できるはずです。

本書では、各学習項目の教え方を細部にわたって懇切丁寧に指導するということはあえて避けています。教え方には、こうしなければならないということはありません。いろいろな可能性の中から学習者に合った最良の方法を考え、選ぶことも教師の重要な仕事です。ただし目標は一つ、学習者が新しい語や文法項目や表現型などを理解し整理しながら自分の引き出しの中に取り込むところから、必要な時に必要なものを取り出して運用できるところまで彼らを導くことです。その「頂上」を目指す登山コースは何本かあるはずですが、どのコースを選ぶかは、担当教師に任されます。指導書に書いてあるからその通りにするというものではありません。本書が各項目について、細かく説明することを避けたのは、上記のような理由からです。むしろ、意識的に視野を広げた授業準備ができるようにそのガイドとなること、それが本書作成のねらいです。

本書の構成

Ⅰ「主要シラバスの教え方」　40章

◎ タスク

主に文法理解のチェック、教授法のポイントのチェックをねらいとする問題です。

日本語を教える以上は最低限理解しておくべき事項を取り上げて問題化してあるので、検定試験の準備・対策にもなります。しかし、ここではあくまでも理解のチェックのための問題ですから、試験問題のように練られた問題やうがった問題ではなく、基本的で単純な問題がほとんどです。

◎ 授業の手順

大まかな授業の流れを示します。この流れは基本的に「にほんご90日」の内容に対応しています。

◎ 用法導入のアイデア

「導入」すなわち、新しい文法事項や表現型の使い方や意味合いの紹介、それをどのような手段を講じて行うか、その手段は一つではありませんが、ここでアイデアを一つ二つ簡単に紹介します。ここで紹介されたアイデアを参考に、学習者に合わせてアレンジを試みることももちろん可能です。

◎ ここに注意

教える側の留意点をいくつかあげて、解説します。文法知識に関する留意点、教授方法に関する留意点などが中心となっています。

◎ ここがわからない！　◎ 学習者が誤りやすい点

学習者の側の疑問や理解しにくい点など、学習者から出そうな質問を想定し、その答え方の例を紹介します。この答えには、必要に応じて媒介語も用いられるでしょう。ここでは学習者が誤りやすい点についても解説をしています。学習者の立場になって疑問を見つけ、それに対する答え方や対応を考えておくことは、授業の準備の非常に重要な部分です。学習者の立場に立って十分にイマジネーションをふくらませる習慣と言葉の使い方を分析する力を養うことで、教える技術も向上します。

Ⅱ「わかっていますか？ 使い方」

文法表現　Ⅰで取り上げた項目に比べてやや小さい学習事項を30余取り上げ、文例で使い方を解説しています。

会話表現　会話的な表現、間投詞など30余の語句について文例で使い方を解説しています。

重要語　副詞、接続の語などを中心に取り上げて文例で使い方を解説しています。

助詞　助詞の重要な使い方を取り上げ文例とともに解説しています。

会話の使い方

会話文はどのテキストにも存在しますが、実際の授業では、語彙や文法などに比べてやや軽視される傾向にあるようです。会話文の扱いは教師に任されている部分が大きく、いろいろな工夫で教師が会話を料理することもできるのです。会話文のねらいは、第１に、その課の学習項目が会話でどのように用いられるかを場面の中で実際の用例として紹介すること。そして第２は、会話がどんな流れで運ばれているか、談話の流れの例を紹介することでしょう。「にほんご90日」にはＣＤが付いていますから、会話文の使い方としては、音を使って会話のヒナ型を真似るというのが最も基本的な練習です。ＣＤを止めながらリピート練習をし、暗唱できるように覚え、文字を見ないで会話文が言えるようにするという練習です。この練習は基本的で欠かせないものではありますが、言えるようになったところで終わってしまうのでは不十分。会話は発話により生み出されるものですから、ただ覚えて言う練習だけで会話力がつくとは考えられません。発話を促すためにはどんな練習をすればいいでしょうか。たとえばテキストの会話文を使った「ディスコース練習」を初級の早いうちからさせることもできます。「にほんご90日」の第34課を使った一つの例を紹介します。

1　会話文の数カ所をブランクにしたペーパーを用意しておく。(ブランクは無理のない程度になるべくたくさん作る。)
2　ＣＤを聞きながら、会話文がすらすら言えるまでよく練習させる。
3　学習者二人に会話をやらせる。
4　学習者をペアにして用意したペーパーを配る。
5　二人で相談して（日本語で)、ブランクを埋めるように言う。
6　しばらくの時間を与える。できたら二人で対話を練習するように言う。
7　しばらくの時間を与える。ペアごとに発表させる。

会話を作り出すことができ、また二人で相談することで会話のプラクティスもできるこの練習は、中級以上に進んでからも有効な会話練習となります。

「にほんご90日」第34課

1. ピエール　：＿＿＿に行きませんか。
アントニオ：いいですね。行きましょう。
＿＿＿か。
ピエール　：＿＿＿さんは＿＿＿＿＿と＿＿＿とどちらがすきですか。
アントニオ：＿＿＿＿＿の
ほうがすきです。
でも、今日は＿＿＿
が＿＿たいですね。
ピエール　：じゃあ、＿＿にしましょう。

1. ピエール　：今晩、食事に行きませんか。
アントニオ：いいですね。行きましょう。
何がいいですか。
ピエール　：アントニオさんはイタリア料理と日本料理とどちらがすきですか。
アントニオ：もちろん、イタリア料理の
ほうがすきです。
でも、今日はおいしいすし
が食べたいですね。
ピエール　：じゃあ、すしにしましょう。

・・・・・目　次・・・・・

I　主要シラバスの教え方

Ⅱ「わかっていますか？ 使い方」

文法表現

会話表現

重要語

助詞

Ⅰ　主要シラバスの教え方

△▼　§1　名詞文　▲▽

◎ タスク

Ⅰ　「AはBです」の「は」の使い方が他と異なるものを選びなさい。

1 a. 私は学生です。　　b. トムさんは３回目です。
　c. サリさんはインド人です。　　d. これは私の本です。
　e. この本は私のです。

2 a. トイレは２階です。　　b. 青木先生は日本語の先生です。
　c. あの人はだれですか。　　d. 彼は中国の留学生です。
　e. 私の国はタイです。

3 a. 今、北京は朝８時です。　　b. それはあなたのですか。
　c. Ｂクラスの先生は男の先生です。　　d. 私の専門は法律です。
　e. フランクさんはアメリカ人ではありません。

Ⅱ

1 「これ」「それ」「あれ」の導入に使う絵教材としてつぎの３枚を用意したところ、先輩教師から「あまり適当ではない絵があるので直したほうがいい」とのアドバイスを受けた。「あまり適当ではない絵」はどれか。

a　　b　　c

2 「直したほうがいい」のはなぜだと思われるか。理由として最も適当なものを一つ選びなさい。

a. 「これ」と「それ」の違いが不明瞭であるから
b. 「これ」は話者と相手の両方に近い場所にある物を指すということが不明瞭であるから
c. 「それ」は相手に近い場所にある物を指すということが不明瞭であるから
d. 「あれ」はかなり離れた場所にある物を指す、ということが不明瞭であるから

◎ 授業の手順

A は B です。　その１

▼「にほんご90日」第１課

1　AはBです。＜形の練習＞
2　AはBですか。＜形の練習＞
3　AはBではありません。＜形の練習＞
4　AはBです。CもBです。＜形の練習＞
5　Aはだれですか。＜形の練習＞
6　～の～＜形の練習＞
7　運用練習＜文の練習＞

A は B です。　その２

▼「にほんご90日」第２課

1　これ・それ・あれはBです。＜形の練習＞
2　Aは これ・それ・あれ です。＜形の練習＞
3　この・その・あの ～ ＜形の練習＞
4　運用練習＜文の練習＞

◎ 用法導入のアイデア

［AはBです］その１

1　AはBです

用意するもの：A4用紙、マーカー、世界地図、国旗のシール

手順：

①紙を３つに折り、その一つに名前を記入させ（自分の国の字で書いてよい）、つぎに自分の国の国旗のシールを貼る。（記入するところに英語、中国語等で、指示を書いておいてもよい。）

②教師が自分自分のカードを示しながら、「私は○○です」と言う。「私」と言うときに、手を胸にあてる。
続いて、同様にして学習者に「私は□□です」と言わせる。

③同様にして、今度は「国」を言わせる。世界地図を貼り、日本を指して、「にほん」と言い、リピートさせる。続いて、クラスの学習者の国の言い方を教え、地図の周りに、国名と国旗を貼る。日本を指して、「にほん」と言ったあとで、自分を指して、「にほんじん」「私は日本人です」と言う。

④学習者に地図で自分の国を示しながら、「私は□□人です」と言わせる。

1-5

2　AはBですか

①「？」と書いたカードを持ち「私は日本人ですか」と聞く。質問していることを表情で示し、「か」を強調する。学習者の反応を見ながら、うなずいて「はい、私は日本人です」

②「××さんは日本人ですか」と聞き、「いいえ」を引き出す。

3　AはBではありません

①学習者1を指し、他の学習者に向かって言う。「××さんは日本人ではありません」「△△さんは日本人ですか」
学習者から「いいえ、△△さんは日本人ではありません」を引き出す。

②ほかの学習者に対しても同様に続ける。

4　AはBです。CもBです

同じ国の二人について言う。「Xさんは××人です。Yさんも××人です。」

5　Aはだれですか

①学習者1に聞く。離れた学習者2を指して、「あの人はだれですか」「××さんです」

②「中国人はだれですか」と聞く。「中国人は××さんです」の答えを待つ。

6　～の～

「日本語の本です」「中国の学生です」等の例を「これ・それ・あれ」を使わずに挙げて、「の」の使い方を紹介する。

[AはBです] その2

1　AはBです（Aが「これ・それ・あれ」の場合）

①教師と学習者の一人が実演して「これ・それ・あれ」の概念を示す。
学習者Xのかばん、学習者Yのかばん、学習者Zのかばんを使って、「これはXさんのかばんです」「(相手の学習者の前にYのかばんを置いて) それはYさんのかばんです」「(離れたところにZのかばんを置いて) あれはZさんのかばんです」

②相手の学習者に同じことを言わせる。ほかの学習者に交替して同じことを言わせる。

2　AはBです（Bが「これ・それ・あれ」の場合）

1と同様に実演する。

3　この・その・あの ～

1、2と同様に三つのかばんを使って実演で「この（かばん）・その（かばん）・あの（かばん)」の使い方を示す。

◎ ここに注意

●「は」の機能

＜タスク＞からもわかるように、多くの場合、「AはBだ」の文では、「は」は主体（主語）を示す。そして、主体Aを説明する述語がBである。一方、このような主述の関係にない文で用いられる「は」もある。たとえば「トムさんは来日３回目です」では「トムさん」は「来日３回目です」の主体とは考えにくい。「トイレは２階です」（トイレのある場所は２階です）でも、「今、北京は朝８時です」（北京の時間は朝８時です）でも、またよく知られている「ボクはウナギだ」の例でも、「は」の前にあるAは主体ではない。では、Aについてはどう考えたらいいか。「A」は話し手が話題として取り上げること（topic）で、「B」はそれについての情報、という説明なら、この文型全体をカバーすることができる。多くの教科書が第１課で扱う「AはBです」の文は実は決して簡単な文ではないわけだが、初級の第１日目にそんなことを説明しようなどと考える教師はいないだろう。文型の難しさや「は」の機能については目をつぶってしまうよりほかない。いろいろな文から学習者が「AはBです」文の使い方をなんとなくわかってくればよい。「AはBの主体です」「『は』は主語を示します」といった説明は避けよう。「にほんご90日」では「は」の機能を「＝」で表している。

●年齢のタブー

年を聞くことは数字の練習にも適当ではあるが、相手に聞いていいのか悪いのか。学習者の文化的背景と照らして考えてみることも必要だろう。

●あいさつのルール

日本人同士のあいさつ習慣では、通常お辞儀が一般的であることをふまえて実際の動作と共に練習するといいだろう。

●「あなた」の扱い

練習で「あなた」を多用すると、学習者は「あなた」をよく使うようになってしまう。相手に呼びかける場合はその人の名前や役職で呼びかける練習の習慣づけも必要である。

●「〜人」

面と向かって「あなたは何人（なにじん）ですか」とか「中国人ですか」「韓国人ですか」「台湾人ですね」などと言うのは、少々抵抗がある。テキストによっては「××人」を避けて「国はどちらですか」「中国の学生です」「タイから来ました」というような表現に変えているものもある。しかしこの抵抗は無視できないものではないし、「〜は〜です」の導入と練習には欠かせないので、目をつぶろう。

◎ ここがわからない！

■想定質問：「リンさんは中国人の学生です。私もイギリスの学生です。」はいいですか？

【答え方】：　いいえ。「私はイギリス人の学生です。」が正しいです。
「リンさんは学生です。私も学生です。」、「リンさんは中国人です。私も中国人です。」は、いいです。

この質問は、恐らく学習者が母語の類推から、「同じ学生」であることを言おうとして助詞の「も」を使ったものと考えられる。「AはBのCです」の場合は、「B」「C」共に一緒でないと「も」を使うことができないことに注意をする必要がある。
例　×「リンさんは中国人の学生です。私も中国人の医者です。」

◎ 学習者が誤りやすい点

①助詞の「は」の脱落
「私、アメリカ人です」などと、「は」が脱落することは少なくない。確かに日本語のネイティブスピーカーにもみられることではあるが、助詞脱落が癖になる可能性もあるので、特に初期は注意して直し練習する必要がある。

②自分に「さん」をつける／相手を呼び捨てにする
相手の名前に「さん」をつけることに注意すると、自分にもつけてしまう学習者が時々見受けられる。その都度注意した方がいいだろう。これはごく初期にみられることで、そのうち、周りの学習者が気づき、自分でも気づいて直すようになる。また、通常相手には「さん」を、また教師、教授、医者などには「先生」で呼びかけた方がいいことも導入しておいた方がいい。

③「こ・そ・あ・ど」は「そ」に注意。
「これ・それ・あれ・どれ」「この・その・あの・どの」などのいわゆる「こそあど」のまちがいは非常に多い。特に「それ」と「あれ」の区別は難しいようだ。「それ」を「ちょっと遠いもの」、「あれ」を「遠いもの」などと説明するのは誤解されやすいので避けよう。初級では、「これ」は話者の近くにあるもの、「それ」は相手の近くにあるものを示すことをまず第一に教えたい。実際には、話者と相手のどちらからも同程度の距離にあるものも「それ」で示したり、位置関係が曖昧な部分も多いが、ここではそれは切り捨ててよい。

<タスクの解答>
Ⅰ1b　2a　3a　　Ⅱ1b　2c　<ここに注意>参照

△▼　§2　動詞文（導入）　▲▽

◎ タスク

I　（　　　）に適当な言葉を入れなさい。また、「　　　」に、ます・ません・ました・ませんでした・行く・行かない・行った・行きませんでした、のどれかを入れなさい。

1 外国人が日本語を聞いて動詞文だとわかるのは、どんな特徴からだろうか、考えてみよう。まず位置的には、動詞が現れるのは（①　　　　　）である。これはもちろん名詞文、形容詞文でも同様で、日本語の語順では（①　　　　　）に述語がくる。では、聞いた文が名詞文でも形容詞文でもなく動詞文であるとわかる手がかりは何か。それは、a「　　　　　　」「　　　　　　」「　　　　　　」「　　　　　　」の四つのどれかが文末につくことである。これらは丁寧体であるが、普通体であれば、たとえば、「行く」b「　　　　　　」「　　　　　　」「　　　　　　」となる。

2 上の四つの形は二つの視点から二つのグループに分けられる。第一の視点は肯定形か否定形かということで、たとえば丁寧体なら肯定形はc「　　　　　　」「　　　　　　」、否定形は d「　　　　　　」「　　　　　　」となる。第二の視点は（②　　　　　）か（③　　　　　）かということである。

3 英語には「現在」「過去」「未来」の３つの（④　　　　　）がある。しかし、日本語には（⑤　　　　　）を表す決まった形はない。実際には（⑥　　　　　）形が用いられる。したがってe「　　　　　　」「　　　　　　」を「現在形」とは呼ばずに、（⑦　　　　　）と呼ぶこともある。その一方で、過去を表す「～た」は、<u>必ずしも過去を表すとは限らない</u>。

II　I-3の下線部の例を文で示しなさい。

1 ＿＿＿＿＿＿＿＿＿＿＿＿＿＿＿＿＿＿＿＿

2 ＿＿＿＿＿＿＿＿＿＿＿＿＿＿＿＿＿＿＿＿

3 ＿＿＿＿＿＿＿＿＿＿＿＿＿＿＿＿＿＿＿＿

◎ 授業の手順

▼「にほんご90日」第３課

～ます

《［場所］へ　行きます》

例を口頭で示す。口慣らしの練習をする。

《［××時］に　帰ります》

例を口頭で示す。口慣らしの練習をする。

《［時を表す語句］［場所］へ　行きます・来ます　》

例を口頭で示す。口慣らしの練習をする。

～ました

《［過去の時を表す言葉］［場所］へ　行きました・来ました・帰りました　》

1 例を口頭で示す。「過去」をカレンダー等で示す。

2 口慣らしの練習をする。

～ません・～ませんでした

《［時を表す言葉］［場所］へ　行きません・来ません　》

1 例を口頭で示す。「ません」が否定の意であることを示す。

2 口慣らしの練習をする。

《［過去の時を表す言葉］［場所］へ　行きませんでした・来ませんでした　》

1 例を口頭で示す。「ませんでした」が過去・否定の意であることを示す。

2 口慣らしの練習をする。

練習

口頭練習が終わった後、文字を見て確認しながら練習する。＜形の練習＞＜文の練習＞

◎ 用法導入のアイデア

用意するもの：イラスト（会社、病院、銀行、学校、人物：田中さんとその家族、友達、犬、手紙）、時計（針が動かせるもの）、カレンダー

①「行きます」

田中さんの家族を紹介し（「～は～です」を使う）、その職業と行き先をイラストを使って示す。同時に、職業、行き先の語彙、助詞「へ」を提示する。

田中さん＝会社員：「会社へ行きます」　田中さんのお父さん＝銀行員：「銀行へ行きます」

姉＝医者：「病院へ行きます」　弟＝高校生：「学校へ行きます」

時計で朝８時を示し、「行きます」をくり返す。次に「田中さんは会社へ行きます」とイラストを使って田中さんを会社に移動させる。

②「帰ります」

時計を午後７時にして、「田中さんはうちへ帰ります」と言って、家へ戻す。同様に、ほかの家族も移動させながら、「帰ります」「うちへ帰ります」と言って、リピートさせる。

③「来ます」

カレンダーで、日曜日を示す。田中さんの友達のイラストを田中さんの家に近づけて、「来ます」をくり返す。「犬が来ます」や「手紙が来ます」を提示してもよい。

◎ ここに注意

●助詞の使い分けに注意させよう。

動詞の現在、過去、否定の形を使い分けることに合わせて、以下の助詞を示し、使い方、機能を紹介する。

①「へ」「学校へ行きます」

［注］「に行きます」も可能であるが混乱を避けるために「へ」に統一しているテキストも多い。「にほんご90日」も「へ」で統一している。

②「に」「6時に帰ります」

③「で」「電車で来ました」（「歩いて」は、このまま覚えさせる）

文型をカードにしたり板書したりする際は、「ます」「ません」「ました」「ませんでした」の部分の色を変えて強調するとともに、助詞も赤字などにして目立たせ、わかりやすく示そう。

◎ ここがわからない！

■想定質問：（学校での質問）「あした学校に来ます」ですか？「行きます」ですか？

【答え方】：「あした学校に来ます」です。

これは、場所と時間軸の混同で、最近の小、中、高校生などにも見られる例。日本語の「行きます」「来ます」は、話者のいる場所を中心に考え、英語のように、相手の位置・視点から使い分けるものではないことに注意が必要となる。また、「行きます」の語頭の［i］が無声化することもあって、聞き取りでは「行きます」と「来ます」が混同されやすい。

◎ 学習者が誤りやすい点

①不要な「に」の例

「昨日・今日・明日」「先週・今週・来週」「先月・今月・来月」「去年・今年・来年」「毎日」「今朝」などには助詞の「に」をつけないことをまとめて確認しておくといいだろう。

②「帰る」のあいまいさ

「３時に帰ります」には「３時にここを去る」意と、「３時にここにまた戻ってくる」意、「３時に家に帰り着く」意とがあって、あいまいである。たいていは状況から判断されるが、学習者には紛らわしいようである。学習者のレベルにによっては説明を試みてもよいが、一般的には、混乱を避けるために初出の「帰る」の文例は「家に帰り着く」意のものに限ったほうがいいだろう。

＜タスクの解答＞

Ⅰ①文末　②③現在、過去　④テンス／時制　⑤未来　⑥現在　⑦非過去／non-past

a ます、ません、ました、ませんでした　b 行かない、行った、行かなかった　c ます、ました

d ません、ませんでした　e ます、ません

Ⅱ「めがねをかけた人」「あ、ここにあった」「さあ、そこ、どいたどいた」「今度大阪へ行ったとき」「来週の火曜日は祝日だったね」「持ってくれば、よかったのに」など

△▼　§3　動詞文（発展）　▲▽

◎タスク

Ⅰ（　　）に適当な語を選んで入れなさい。また、「　　」に適当な動詞を入れなさい。

Ⅰグループ		Ⅱグループ		教師	学習者	ラ行五段活用		取る
走る	照る	切る	要る	作る	減る	知る	入る	帰る
着る	蹴る	しゃべる		うつる	かける	起きる		止める

日本語教育では、五段動詞を「Ⅰグループ」、一段動詞を「Ⅱグループ」、カ変動詞、サ変動詞を「Ⅲグループ」として分類することが広く行われている。では、Ⅰグループの動詞とⅡグループの動詞とは、どうやって見分けるのだろうか。これには次のようにいくつかの方法がある。

1（a　　　　）に属する動詞は辞書形（基本の形）が「-iru」「-eru」となる。しかし、同じ形、たとえば、「-iru」で終わるにもかかわらず、（b　　　　）に属する動詞には「c　　　　」「d　　　　」「e　　　　」「f　　　　」「g　　　　」などがある。また「-eru」で終わるにもかかわらず（h　　　　）に属する動詞には「i　　　　」「j　　　　」「k　　　　」「l　　　　」「m　　　　」などがある。

2 辞書形が「-ru」である動詞は（n　　　　）に属し、「-u」である動詞は（o　　　　）に属するという見分け方もある。この分け方にも例外があり、たとえば「p　　　　」「q　　　　」「r　　　　」などのような（s　　　　）の動詞は、「-ru」で終わるにもかかわらず（t　　　　）に属する。

3 辞書形を否定の形に変えたとき「-anai」となる動詞は（u　　　　）である。この見分け方には例外がないが、これは（v　　　　）にとっては確実な方法である一方、<u>（w　　　　）にとって有効な方法であるとは限らない</u>。

Ⅱ　上の文章の下線部分はなぜか。理由を述べなさい。

◎ 授業の手順

▼「にほんご90日」第４課

時間 に

時間の言い方と助詞「に」を導入する。
1 時間の言い方を導入する。
2《～時に始まります／終わります》の例を示す。
3 口慣らしの練習をする。

● は ■ を ～（し）ます。

1「～を 食べます／飲みます／買います／します」等の文型と意味を示す。
2 口慣らしの練習をする。

● は 場所 で ～（し）ます。

1 文の例を口頭で示す。
2 口慣らしの練習をする。

◎ 用法導入のアイデア

用意するもの：イラスト（動詞）、時計（針が動かせるもの）
①田中さんの一日の動きを紹介しながら、動詞を導入する。時計の針を動かして時刻を示し、イラストを示して田中さんがその時刻にすることを言う。そのとき、同時に、必要な名詞および助詞「を」を教える。
「７時です。起きます」のように、時刻を言って動作をする。同様に、「ご飯を食べます」「コーヒーを飲みます」「新聞を読みます」「会社へ行きます」「働きます」等のイラストとフレーズカードを、ボードに貼った時計の周りに並べていく。
②次に学習者に動詞のイラストを見せて、動詞を言わせる。［時刻に］を加える。
③②に［場所で］を加える。

発展

時計の周りに自分の一日を入れて発表させたり、クラスメートにインタビューさせて、「○○さんの一日」を発表させる。

◎ ここに注意

●助詞に注意を向けよう。

ここまですでにいくつかの助詞が導入されている。助詞は、新しいものが出てくる度にしっかり印象づけをして確認していこう。ここでは２つめの「で」(行為の場所)が出てくるので、既出の［乗り物＋で］を復習して、違いを確認しよう。また、「［場所］に(行きます)」が既習の場合、「［場所］で」と混同する学習者が見られる。「［場所］で＋動作」をしっかり示しておくことが大切である。

●「(～時）から（～時）まで」「(パン）と（卵)」をここで導入するとよい。

◎ ここがわからない！

■想定質問：「授業が何時に始まりますか。」は、いいですか？

【答え方】：いいえ、「授業は何時に始まりますか。」です。

これは、助詞の「は」と「が」の使い分けの問題。疑問・質問のトピックは「は」で表すことを文例で示す。ただし、文例で示すだけにして、説明しすぎないように注意する。

例）「これは何ですか。」
「あなたのお国はどこですか。」
「キムさんは何時に起きますか。」
「田中さんはどこでごはんを食べますか。」

◎ 学習者が誤りやすい点

①「Ｎです」と「Ｖます」の混同

「Ｎです」の文型を引きずって、「食べです／飲みです／買いです」などと言ってしまう学習者が見られる。「Ｖます」の形をしっかり練習することが大切。ただし、否定過去のみ「～ませんでした」となるが、とにかく口で覚えさせる。

②助詞の「を」の脱落

他動詞の対象を表す助詞の「を」を、練習時に省いて発話する学習者もいるが、助詞の使い方を意識させる工夫も必要である。

＜タスクの解答＞

Ⅰ　aⅡグループ　bⅠグループ　c走る　d切る　e要る　f知る　g入る　hⅠグループ　i帰る　j蹴る　kしゃべる　l照る　m減る　nⅡグループ　oⅠグループ　pうつる　q作る　r取る　sラ行五段活用　tⅠグループ　uⅠグループ　v教師　w学習者

Ⅱ　教師は動詞の否定の形「～ない」を知っているが、学習者は逆に各動詞のグループを覚えてから「～ない」の形を作る。グループがわからない状態では否定形を作ることはできないから、有効な方法ではない。

△▼　§4　存在文　▲▽

◎ タスク

（　　　）の中に入る適当な言葉を考えて入れなさい。

1「ある」と「いる」の使い分けは主に動作主がどんなものかによってきまる。すなわち、（①　　　　　）をもち、動作をするもの、すなわち（②　　　　　）には「いる」が用いられ、そうでないもの（③　　　　　）には「ある」が用いられる。

2「ある」は（④　　　　　）として活用し、「いる」は（⑤　　　　　）として活用する。最初の段階では（⑥　　　　　）より丁寧形の文が使われるので、「ある」「いる」はそれぞれ「（⑦　　　　　）」「（⑧　　　　　）」の形で導入される。「ある」の普通形の否定は「（⑨　　　　　）」で、これは例外的な活用である。

3「ある」「いる」を用いる文には次の二つの形がある。

a［場所］に［物］がある。／［場所］に［人］がいる。

b［物］は［場所］にある。／［人］は［場所］にいる。

上の2文の違いはどこにあるのだろうか。aは、目に映った（⑩　　　　　）をそのまま述べる文である。一方、bは、存在する物・人を（⑪　　　　　）として取り上げて、その（⑫　　　　　）を述べる文である。存在の言い方を日本語以外の言語、たとえば英語で考えてみよう。英語でも存在を表す文には次の二つの形がある。

(1) There is <u>a book</u> on the table.

(2) <u>The book</u> is on the table.

日本語のaの文は、英語の（⑬　　　　　）に、bの文は（⑭　　　　　）に対応する。①の「本」も、(1)の「a book」も、はじめて出てきた新しい情報である。一方、bの「本」も、(2)の「the book」も、もう前に既に出てきた情報である。日本語では新情報に助詞「（⑮　　　　　）」が用いられ、旧情報に助詞「（⑯　　　　　）」が用いられる。存在の表現では、英語の不定冠詞「a」は日本語の助詞「（⑰　　　　　）」に対応し、定冠詞「the」は助詞「（⑱　　　　　）」に対応するとも言える。

◎ 授業の手順

▼「にほんご90日」第５課

ここ・そこ・あそこ

３つの概念を実際に示しながら導入する。

～の 上／下／中

位置関係を実物で示す。

～がいます、～があります

1　人、物を使って、「います」「あります」の使い分けを示す。
2　口慣らしの練習をする。＜形の練習＞

～は～にいます／あります

人、物を「は」で取り立てることで文型が変わることを示す。

［人・物］は［場所］です

「います・あります」が「です」で置き換えられることを示す。

練習

運用練習をする。＜文の練習＞

◎ 用法導入のアイデア

用意するもの：紙箱、レアリア（時計、ペン、バナナ、など）、イラスト（ドアがいくつかならんでいる、ドアは開けられるようにする）

1　ここ・そこ・あそこ

「これ・それ・あれ」(§１)と同様にして概念を導入する。

2 います

部屋が並んでいるイラストを書き、それぞれの部屋に有名人の写真を貼る。一つの部屋には何も貼らない。各部屋に厚紙でドアをつける。ドアにつまみをつけておく。写真を貼った部屋には、ドアを閉めた状態でドアの下に人物の影を入れる。写真を貼らなかった部屋には影を入れない。ドアを閉めて、ドアの下の影を示しながら、「います」と言う。そして、「だれがいますか」と聞いてから、ドアを開いて、「ブッシュさんがいます」と答えさせる。影のない部屋では「だれもいません」と言う。

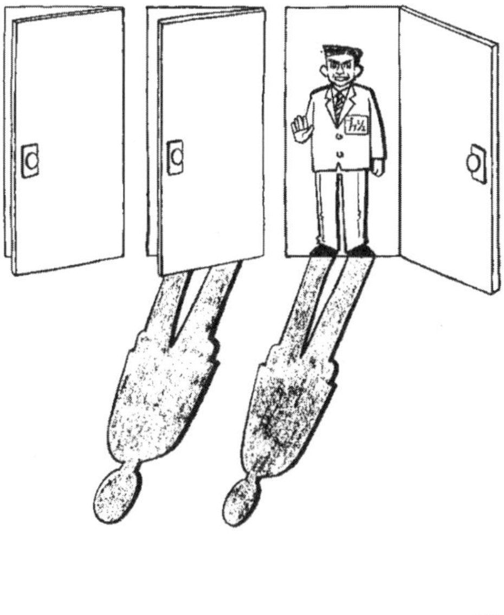

1-5

3　あります

同じような箱を四つ用意し、一つには時計、一つにはペン、一つにはバナナを入れ、ふたをする。（品物はなんでもよい）一つには何も入れない。学習者の前に四つの箱を示し、振って音をさせ、一つは音がしないことを示す。音がする箱を取りあげ、音をさせながら「あります」と言い、音がしないことを示しながら「ありません」と言い、学習者にもリピートさせる。そのあと、音をさせながら、「なんですか」と聞いてから、箱を開けて、中の物を示し、「時計です」「時計があります」と言う。

さらに、「箱」「中」を示して、「箱の中に時計があります」と言い、板書するかフレーズカードを貼って示す。助詞「に」を示す。

つぎに、ポケットの中に物を入れておき、それを示しながら学習者に「ポケットの中に○○があります」と言わせる。続いて、かばんやさいふの中にある物を言わせる。

発展

A　二人の学習者の机の上に指定した物の中から数点を選ばせて、それぞれ自分の机の上におかせる。次に何を置いているか見えなくして（背中合わせにしてもよい）「○○はありますか」「いいえ、ありません」と、お互いの机の上のものを当てさせる。

B　一人の学習者に目隠しをする。もう一人の学習者を教室のコーナーに立たせ、数名の学習者を選ばせる。目隠しをした学習者ともう一方の学習者に「そこに□□さんはいますか」「いません」「○○さんはいますか」「はい、います」というやりとりをさせ、コーナーにいる人を当てさせる。

C　二人の学習者にいくつかのイラストや写真の中から自分のいる場所を適当に選ばせて、お互いにQ&Aをしてその場所を説明させる。

例　学習者A：「何がありますか」　学習者B：「本がたくさんあります」
　　学習者A：「そこは図書館ですね」

◎ ここに注意

●位置は学習者の視点から

位置関係を示す際は、学習者から見た位置を示すように気をつけよう。教師から見た「ここ」は学習者から見た「そこ」であり、学習者から見た「ここ」は教師から見た「そこ」であることに注意。また、「右」と「左」も、教師と学習者が向かい合った位置で示すと反対になってしまうので、教師は学習者と並んで位置を示すようにしよう。

◎ ここがわからない！

■想定質問：「タクシーがあります」ですか？「タクシーがいます」ですか？

【答え方】：タクシーが止まっています。タクシーの中に運転する人がいます。
その時は、「タクシーがいます」がいいです。

これは答えにくい質問だが、次のような例文をイラスト等と共に示したらどうか。

例）「駅の前にタクシーがいます。」
「バス停にバスがいます。」

「駐車場にタクシーがあります。」
「店の中に車があります。」（車を売っている店）

「タクシーがあります」は不可ではないが、使われる状況は限られているので「タクシーがいます」の文例に限るのも一つの方法である。

◎ 学習者が誤りやすい点

①「～が（場所）にいます／あります」
この文は文法的に誤りとはいえない文だが紹介だけにとどめたい。運用を考えると、「(場所）に～がいます／あります」、「～は（場所）にいます／あります」のほうが学習者に覚えさせる形として適当。学習者にはこの２文型を運用させたい。<タスク３>参照

②「あります」と「います」の混乱
両者の使い分けに関しては、頭でわかってはいても運用の際に誤ってしまうということが非常に多い。どの程度直すか難しいところだが、練習ではきびしく直す一方、学習者の自由発話での誤りには少々寛容に対応するのを基本と考えるのがよい。

<タスクの解答>
１①意志　②人や動物　③植物や物　④Ⅰグループ（五段動詞）　⑤Ⅱグループ（一段動詞）　⑥普通形
⑦あります　⑧います　⑨ない　⑩情景（「状況」「事実」なども可）　⑪主題　⑫ありか（「所在」）　⑬１
⑭２　⑮が　⑯は　⑰が　⑱は

1-5

△▼　§5　形容詞文　▲▽

◎ タスク

Ⅰ　（　　　）の中に適当な言葉を入れなさい。

1　日本語の形容詞は、その性質から客観性形容詞（属性形容詞）と主観性形容詞（感情形容詞）に分けられる。前者は、人や物の性質や特徴を表す語で、その例としては ①「(　　　　　)」「(　　　　　)」「(　　　　　)」などがある。後者は人の感情を表す語で、その例としては ②「(　　　　　)」「(　　　　　)」「(　　　　　)」などがある。

2　日本語教育では、国文法の「形容詞」を③「(　　　　　)」と呼び、「形容動詞」を④「(　　　　　)」と呼んで区別するのが一般的である。

Ⅱ　次の語を a 名詞　c い形容詞　d な形容詞　e 名詞、な形容詞の両方　f 連体詞に分けなさい。

1. 静か	（　）	2. ひま	（　）	3. きれい	（　）	4. 病気	（　）
5. 元気	（　）	6. ほしい	（　）	7. のどか	（　）	8. 丁寧	（　）
9. 公平	（　）	10. おかしな	（　）	11. 有名	（　）	12. 大きい	（　）
13. 特別	（　）	14. 必要	（　）	15. 小さな	（　）		

Ⅲ　[　　　] の形容詞「おとなしい」、「静かな」を適当な形に変えなさい。

い形容詞　＋名詞　→ [おとなしい] 人
　　　　　＋動詞　→ [　　　　　] 聞きます
　　　　　＋形容詞→ [　　　　　] 利口な子
　　　　　＋ない　→ [　　　　　] ないです／ありません

な形容詞　＋名詞　→ [　静かな　] 人
　　　　　＋動詞　→ [　　　　　] 聞きます
　　　　　＋形容詞→ [　　　　　] 美しい町
　　　　　＋ない　→ [　　　　　] ないです／ありません

◎ 授業の手順

い形容詞の現在形
▼「にほんご90日」第6課

1 《Nは～(い形容詞)です》絵や実物で例を示して、い形容詞の現在形を導入する。
2 口慣らしの練習をする。<形の練習>
3 《Nは～くないです》絵や実物で例を示して、否定形を導入する。
4 口慣らしの練習をする。<形の練習>
5 《Nは～(い形容詞＋名詞)です》名詞修飾形の例を示す。
6 口慣らしの練習をする。<形の練習>
7 《Nは～が～(い形容詞)です》「～は～が構文」の例を示す。
8 口慣らしの練習をする。<形の練習>
9 い形容詞の運用練習をする。<文の練習>

な形容詞の現在形
▼「にほんご90日」第7課

1 《Nは～(な形容詞)です》絵や実物で例を示して、な形容詞の現在形を導入する。
2 口慣らしの練習をする。
3 《Nは～ではありません》絵や実物で例を示して、否定形を導入する。
4 口慣らしの練習をする。<形の練習>
5 《Nは～(な形容詞＋名詞)です》名詞修飾形の例を示す。
6 口慣らしの練習をする。<形の練習>

い形容詞の過去形
▼「にほんご90日」第8課

1 い形容詞の過去形を導入し、口慣らしの練習をする。<形の練習>
2 運用練習をする。<文の練習>

な形容詞の過去形
▼「にほんご90日」第9課

1 な形容詞の過去形を導入し、口慣らしの練習をする。<形の練習>
2 「とても」「ちょっと」「あまり～ない」を形容詞と一緒に例で示し、口慣らしの練習をする。<形の練習>
3 運用練習をする。<文の練習>

◎ 用法導入のアイデア

形容詞の現在形

用意するもの：レアリア（かばん：大きいもの・小さいもの、鉛筆：長いもの・短いもの、本：厚いもの・薄いもの、時計：高いもの・安いもの、など）
絵カード（形容詞）

①大きいかばん、小さいかばんを並べて、大きいかばんを示し、手で大きいことを示しながら、「大きいです」「大きい」と繰り返し、リピートさせる。同様に、「小さいです」「小さい」と言う。同様のことを、他のレアリアを用いて対比させながら形容詞の意味を導入する。

②ほかの形容詞を絵カードを用いて導入する。導入しながら、ボードに形容詞のカードを貼る。

発展

A　ものさがし

「大きいものは何ですか」と言っていろいろなものを挙げさせ、たとえば「中国です」「中国は大きいです」「中国は大きい国です」の３つの言い方で言わせる。同様に、他の形容詞についても行う。

B　なぞなぞ

「国です。大きいです。人が多いです。日本に近いです。」など、他の学習者が当てられるようにヒントを出させる。

C　形容詞の車座

胸に形容詞と意味を表す絵のあるカードをかけて、輪になって座る。まず自分の形容詞を言い、次に他の学習者の形容詞を言う。言われた学習者は、自分の形容詞を言って、また別の学習者の形容詞を言う。リズムをつけて、次第にテンポを早くする。

形容詞の過去形

用意するもの：イラスト（富士山、パソコン）、レアリア（携帯電話）

今と昔を比べることで、過去形を導入する。導入後、フレーズ（表現）カードを使って、確認させる。

１　い形容詞肯定の過去形

①富士山のイラストを示して、富士山が高いか、低いかと問いかける。さらに、10年前はどうだったかと聞く。「高いです」のフレーズカードに、×のマークを付け、「高かったです」のフレーズカードを出して、○のマークを付ける。

②パソコンの絵カード（例：1980年、70万円　2001年、30万円）を使って「高かったです」と言わせる。

2 な形容詞　否定の過去形

①携帯電話を示して、「便利です」と言わせる。次に「○○年前、携帯電話はありませんでした。」と言って「便利ではありませんでした」を引き出す。

②フレーズカードを貼り、正しい形を確認させる。

◎ ここに注意

●形容詞の活用は“鬼門”の一つ

学習者にとって形容詞の活用・変化は、つまずくことの多い難しい項目。「〜くないです」「〜かったです」「〜くなかった」「ではありません」「ではありませんでした」の使い分けは煩雑でしかも言いにくいので、中級に入ってもマスターできない学習者がいる。十分に練習する必要がある。

●形容詞はペアで提出

形容詞、特に、い形容詞の意味の導入では、「長い／短い」のように対立するペアで出すとよい。

●い形容詞の否定形

い形容詞の否定形には、「〜くないです／〜くなかったです」と「〜くありません／くありませんでした」の２形がある。どちらの形で出すかは教科書によってちがうが、「〜くないです／くなかったです」を導入しておくと、後で普通形を学習するときに楽だという利点がある。

●感情形容詞に注意

属性形容詞と感情形容詞は、意味だけでなく用法が異なる。感情形容詞は、主体に制約があるので、混乱をまねきやすい。たとえば「ヤンさんはとてもうれしいです」といった文が出てこないように感情形容詞の文例やドリルの文には気をつけよう。形容詞を初めて導入する段階では属性形容詞だけに絞り、混乱を避けたほうがいい。

●「大きな／小さな」はダメ

「大きな家」、「小さなかばん」など、教師が無意識に連体詞を混用してしまう場合がある。この段階では「大きな」「小さな」は出さない。うっかり言ってしまわないように気をつけよう。

◎ ここがわからない！

■想定質問：「い形容詞」と「な形容詞」はどう違いますか？

【答え方】：　使い方が違います。

どちらも“形容詞”として扱っているので、内容的に区別することはできない。ただ、活用が異なるので、「使い方が違う」ということで、活用形を対比して確認すると、学習者は納得する。

◎ 学習者が誤りやすい点

①「い形容詞」と「な形容詞」の混同

「な形容詞」に「〜い」となるものがいくつかある。このレベルの語彙では、「きれい」「きらい」「ゆうめい」などがその例で、これは“例外”として練習すれば問題ないだろう。漢字圏の学習者であれば、漢字を示す方法も有効である。

②「今日があついです。」

主体を表す助詞は「が」だ、と固定して覚えている学習者がいる。導入時から「NはNです」の形をしっかり示すようにしたい。

③「な」の脱落

「い形容詞」と同時に練習すると、「親切ひと」「きれいひと」など、「な」を落としてしまう学習者が見られる。「Nは〜です」の導入、練習後、「Nは〜なNです」をしっかり練習し、定着させることが必要である。学習者の負担を減らして「元気な子ども」「ハンサムな人」のように短い句単位で口慣らしの練習を十分にするのも有効である。

④「大きいでした」「大きくないでした」

「い形容詞」の活用と名詞等の場合を混同してこの形を作る学習者がいる。「い形容詞」の場合は、「〜かった」を定着させる。また、「〜かったです」「〜くなかったです」が「です」だからといって現在ではないことを理解させよう。また、「な形容詞」の否定過去も、「い形容詞」と同様、「ひまです」の否定形が「ひまではありません」、その過去形だから「ひまではありませんでした」となることをしっかり押さえ、練習を十分にしよう。

⑤「この店の料理はおいしいです。でも、安いです。」

「でも」は「逆接」に使われるが、「逆接」の理解が学習者の文化、社会的背景によって異なる場合があり得る。上の例は、「料理がおいしい店＝値段が高い店」という認識を前提として成り立っているのなら、正しくないとは言えない。このような文が出てきた場合、学習者の頭の中にはどんな図式があるのかを判断した上で臨機応変に対応したい。

＜タスクの解答＞

Ⅰ　1①大きい、高い、白い、きれい、にぎやか　②うれしい、いたい、ねむい、いや、退屈
　2③い形容詞　④な形容詞

Ⅱ　1.d　2.e　3.d　4.a　5.e　6.c　7.d　8.e　9.e　10.f　11.e　12.c　13.e　14.e　15.f

Ⅲ　[おとなしく] 聞きます、[おとなしくて] 利口な子、[おとなしく] ないです／ありません
　[静かな] 人、[静かに] 聞きます、[静かで] 美しい町、[静かでは] ないです／ありません

△▼ §6 すき・きらい／上手・下手 ▲▽

◎ タスク

Ⅰ 「すきです」「きらいです」「上手です」「下手です」の文法的注意事項で共通することは、どんなことか。２つ挙げなさい。

1 ＿＿＿＿＿＿＿＿＿＿＿＿＿＿＿＿＿＿＿＿

2 ＿＿＿＿＿＿＿＿＿＿＿＿＿＿＿＿＿＿＿＿

Ⅱ 次の文例は、初級で扱うのが適当かどうかを考え、その理由を下に書きなさい。

1 どうぞおすきなほうをお取りください。

＿＿＿＿＿＿＿＿＿＿＿＿＿＿＿＿＿＿＿＿

2 この仕事は、すきなときにやってください。

＿＿＿＿＿＿＿＿＿＿＿＿＿＿＿＿＿＿＿＿

3 もう、すきにしなさい。

＿＿＿＿＿＿＿＿＿＿＿＿＿＿＿＿＿＿＿＿

4 田中さんもすきですねえ。

＿＿＿＿＿＿＿＿＿＿＿＿＿＿＿＿＿＿＿＿

5 彼は彼女をすきになった。

＿＿＿＿＿＿＿＿＿＿＿＿＿＿＿＿＿＿＿＿

6 私がきらいなことは、約束をまもらないことです。

＿＿＿＿＿＿＿＿＿＿＿＿＿＿＿＿＿＿＿＿

7 あなたはおさしみがきらいですか。

＿＿＿＿＿＿＿＿＿＿＿＿＿＿＿＿＿＿＿＿

8 妹はすききらいが多い。

＿＿＿＿＿＿＿＿＿＿＿＿＿＿＿＿＿＿＿＿

9 彼は難しい仕事をさけるきらいがある。

＿＿＿＿＿＿＿＿＿＿＿＿＿＿＿＿＿＿＿＿

10 私は勉強がきらいになりました。

＿＿＿＿＿＿＿＿＿＿＿＿＿＿＿＿＿＿＿＿

◎ 授業の手順

すきです・きらいです
▼「にほんご90日」第10課

1 《～は～が すき／きらい です》の例を示し、意味と使い方を導入する。
2 口慣らしの練習をする。<形の練習>
3 《～は～が すき／きらい ではありません》の例を示し、意味と使い方を導入する。
4 口慣らしの練習をする。<形の練習>
5 運用練習をする。<文の練習>

上手です・下手です
▼「にほんご90日」第11課

1 《～は～が 上手／下手 です》の例を示し、意味と使い方を導入する。
2 口慣らしの練習をする。<形の練習>
3 《～は～が 上手／下手 ではありません》の例を示し、意味と使い方を導入する。
4 口慣らしの練習をする。<形の練習>
5 運用練習をする。<文の練習>

◎ 用法導入のアイデア

1 すきです

用意するもの：イラストまたは写真（A群：犬、ねこ、さる、みんなが酒好きだと知っている学習者の写真、教師の写真　B群：ほね付き肉、魚、バナナ、散歩している人、暖かい所で昼寝をしている人、酒、教師が好きなもの）

①はじめに、教師がA群とB群からそれぞれ「犬」と「ほね付き肉」のイラストを取りあげ（イラストの裏に語彙を入れておくと便利）、「犬は食べます」「毎日食べます」と言いながら、犬が骨をしゃぶるようなジェスチャーをする。そして、「犬は肉がすきです」と言いながら、フレーズカードを貼る。助詞「が」に注目させる。次に、学習者にA、B両群からカードを選ばせて、「ねこは魚がすきです」と言わせる。

②A群にクラスの学生や教師（趣味やすきなものがある程度知られている人）の似顔絵や写真を加えて、その写真を取り上げて、その人がすきなものを当てさせる。

2　すきです／きらいです

①自分のすきなもの、きらいなものの絵（スポーツ、海、山、食べ物、映画、音楽、等）をカードに書かせて、集め、中央の机の上に積む。

②学習者は、カードをめくって、そのカードを「すき」または「きらい」と書かれたところに貼って、「私は○○がすきです」または「私は○○がきらいです」と言う。どちらでもない場合は、「すきではありません。きらいではありません。」と言う。

◎ ここに注意

●「～ですから」と「～からです」

「どうして～か」という質問の答え方には、「～ですから」と「～からです」の二形がある。しかし、「～からです」では「から」の前を普通形に変えなければならないので、このレベルでの導入は無理。従って、理由の言い方は「～ですから」を先に導入するのがいい。教師が両方の形を不用意に混用することがないように注意しよう。

◎ ここがわからない！

■想定質問：「私は犬をすきです。」は、いいですか？

【答え方】：いいえ。「すき」は、動詞ではありません。「すき」は「な形容詞」ですから、「を」を使いません。「すき／きらい」のまえは「が」を使います。

特に英語話者には、「すき／きらい」を動詞と考え、対象を示す助詞を「を」にするような間違いが見られる。助詞「が」の機能にふれる必要はまったくないが、「すき／きらい」「上手／下手」の前には「が」がくることを示し、十分練習しよう。

◎ 学習者が誤りやすい点

＊「先生は歌が下手ですか。」

「下手」はマイナスイメージを伴う語であるため、使い方に制限がある。目上の人やあまり親しくない人について、例えば「高橋さんはテニスが下手です」と言えば失礼になる。一方、日本語のネイティブスピーカーの場合、事実はどうあれ、上手ではないと謙遜して言う場合がある。自分自身や身内についても、「上手」は使いにくい言葉であることに気をつけて文例を選び、練習する場面を設定する必要がある。

＜タスクの解答＞

Ⅰ　1　4つともに形容動詞である。
　　2　文の形が「[人] は [物・事] が〜」である。この「が」は対象を示す。

Ⅱ　1　相手に勧める際に使う文例であるが、敬語表現になっていることに注意が必要である。場面設定を明確にしないと定着はしない。もし学習者の負担になるようだったら、あえて導入する必要はない。
　　2「すきなとき」は、「相手の都合のいいとき」の意味であるが、対象とする仕事内容の非重要性等も絡むため、初級では扱わない方が無難である。
　　3「すきにする」は行為者の意のまま、自由勝手に行為をすることを指し、状況設定等の知識を必要とするため、初級で扱うのは不適当である。
　　4「すきだ」の表す内容が、その行為者に特有のことであり、かつ話者間の共通情報として必要であるため、初級では扱えない。
　　5「すき」が連用形等になって後に動詞が続く際、対象を表す助詞の「が」が「を」でも可能となる場合がある。もちろん「が」のままでいいので「を」に触れることなく例文を扱えば初級でも扱える。
　　6　初級で扱える文例である。但し、「〜こと」の連続による冗長性には注意したい。
　　7　これも初級で扱える。但し、文意が非難になる例を避けることに留意したい。
　　8「すききらいが多い」は慣用表現であるため、この段階で導入する必要はない。
　　9「〜きらいがある」は「〜の傾向がある」という別の意味になるため初級では扱わない。
　　10　初級で扱う文例である。但し、「〜ました」の形をとっているが現在の状況を表すことに注意が必要である。

△▼　§7　ほしい・ください・～たい　▲▽

◎タスク

Ⅰ　「ほしい」と「たい」は、どちらも「欲する」という意味では近いが、次のようなちがいや共通点がある。それは具体的にどんな点か。（　　　）を埋めなさい。

1　対象のちがい
①「ほしい」の対象は（　　　　　）である。
②「たい」の対象は（　　　　　）である。

2　対象を示す助詞のちがい
①「ほしい」の対象を示す助詞は常に「（　　　　　）」である。
②「たい」の対象動作の目的語は、「（　　　　　）」、または「（　　　　　）」が用いられる。

3　活用の共通点
どちらも（　　　　　）と同様の活用をする。たとえば否定形は「～くない」となる。

4　主体の制限に関する共通点
どちらも原則として（　　　　　）人称が主体になることはない。

Ⅱ　（　　　）の中に適当な言葉を入れなさい。

「～を［数・量］ください」の［数・量］には（①　　　　　）詞が入る。日本語の（①　　　　　）詞は多くの外国語とちがって名詞の（②　　　　　）に位置することは少ない。すなわち「3個のりんごをください」「2枚のトーストを食べました」とは言わず、「（③　　　　　　　　　　　　　　　　　）」「（④　　　　　　　　　　　　　　　　　）」と言う。

◎ 授業の手順

ほしいです

▼「にほんご90日」第12課

1 《私は〜がほしいです》の例を示し、意味と使い方を導入する。
2 口慣らしの練習をする。＜形の練習＞
3 運用練習をする。＜文の練習＞

ください

▼「にほんご90日」第13課

1 《〜をください》の例を示し、意味と使い方を導入する。
2 口慣らしの練習をする。＜形の練習＞
3 運用練習をする。＜文の練習＞

〜たいです

▼「にほんご90日」第14課

1 《私は〜たいです／たくないです》の例を示し、意味と使い方を導入する。
2 口慣らしの練習をする。＜形の練習＞
3 運用練習をする。＜文の練習＞

◎ 用法導入のアイデア

用意するもの：イラスト（砂漠で倒れて水を飲みたがっている人、水の入ったコップ、おいしそうに水を飲んでいるところ、シャワーを浴びているところ、泳いでいるところ、水の入ったコップを持って立っている人、ビール、ジュース、食べ物、車、お金、など）

1　ほしいです

①砂漠で水の入ったコップの幻影に手を伸ばしている人のイラストを見せる。用意しておいた「私は水がほしいです」の吹き出しを貼る。フレーズカードを貼る。助詞「が」に注目させる。主体はいつも「私」であることにも注意させる。

②学習者にイラストを持たせて、その「人」になってもらう。幻影のところに、ビール、コーラ、ジュース等の飲み物や、食べ物、車、自転車、お金、などのイラストを入れ替える。学習者に「私は～がほしいです」と言わせる。

2　ください

「ほしいです」のイラストに、水の入ったコップを持っている人のイラストを加える。その人に向けての吹き出しを貼り、そこに「水をください」のフレーズカードを入れて、みんなに「水をください」と言わせる。声の調子や顔つき、ジェスチャーも加えると楽しくなる。「水」の代わりに他のものを入れて練習したあと、学習者に何がほしいか、誰に言うかを考えさせて言わせる。

3　～たいです

水を飲んでいるところの絵を幻影の部分に重ねる。「水を飲みたいです」の吹き出しをイラストに貼って、「水を飲みます」と言い、「ほしいです」の～の部分に貼る。「水を飲みますがほしいです」と言って、×のカードを付ける。「水を飲みます」のフレーズカードを別のところに貼る。「ます」に重ねて「たいです」を貼り、「水を飲みたいです」と言って、○のカードを付ける。１と同様に、他のイラストを幻影の中に入れて、「シャワーをあびたいです」「泳ぎたいです」などと言わせる。

◎ ここに注意

●「ほしい」「～たい」の主体制限

「ほしい」「たい」は原則として第３人称には用いられないことを確認しよう。この表現は、次の二つの場合に限って用いられる。

①話者の希望を述べる。「私は～ほしいです／たいです」

②聞き手の希望について質問する。「あなたは～ほしいですか／たいですか」

３人称の主体には「～たがっています」「～ほしがっています」、または「～たいと思っています」「～ほしいと思っています」が用いられる。ただし、これら３人称の言い方は、ここでは出さない。教師も「××さんは～たいです」とうっかり言わないようにしよう。

●対象を示す「が」に注意を向けよう

「すきです／きらいです」「上手です／下手です」と同様に、「ほしいです」の対象を示す助詞が「が」であることをしっかり示す。「を」は「×」と明示する。

●「～たい」の用法の注意

①「～たい」の「～」には、動詞のます形が来る。

②「～」が他動詞の場合、その動詞の対象語（目的語）には「を」と「が」の両方が用いられる。初級のこのレベルでは、混乱を避けるために一つに絞るべきで、変換しないで済む「を」のほうが負担が少ないと言える。

◎ ここがわからない！

■想定質問：「３本バナナをください。」は、いいですか？

【答え方】：はい。いいですが、「バナナを３本ください。」のほうがいいです。

助数詞の位置に関する質問。文法的には、「バナナを３本ください」も「３本バナナをください」も正しいが、後者は本数を強調している文となり、前者のほうが基本文型となる。同様に、「教室に10人学生がいます」より、「教室に学生が10人います」を定着させたほうがいい。また、「３本のバナナをください」「教室に10人の学生がいます」のような言い方は、１つのまとまりを表すようなニュアンスを含んでしまう。「バナナを３本」がいちばんよい言い方だとはっきり言っておくほうがいい。<タスクⅡ>参照

◎ 学習者が誤りやすい点

＊「私は兄弟が２人います≠私は２人兄弟です。」
兄弟の数を言うとき自分を含めるか含めないかは、学習者の文化によって異なる。日本語では、「（ご）兄弟は何人ですか」に対する答えが自分も含めた人数であることを示そう。また、「兄弟」には「姉妹」も含まれることを確認する必要がある。

<タスクの解答>
Ⅰ　1①物（または人）　②動作・行為（する事）　2①が　②を、が　3　い形容詞　4　3(人称)
Ⅱ　①助数（詞）　②前　③リンゴを３個ください。　④トーストを２枚食べました。

△▼　§8　できる・わかる　▲▽

◎ タスク

Ⅰ　動詞「できる」にはどんな意味があるか。意味と用例文を示しなさい。

1　①意味（　　　　　　　）用例文「　　　　　　　　　　　」
　②意味（　　　　　　　）用例文「　　　　　　　　　　　」
　③意味（　　　　　　　）用例文「　　　　　　　　　　　」

2　上の①②③のうち可能の意味がないものはどれか。（　　　）

Ⅱ　初級の日本語教育で「可能表現」は一般的にどんな文型に分けられてどのような段階を踏んで教えられるか。

①第１段階　可能表現の文型《　　　　　　　　　　　》
　　　　　　文例「　　　　　　　　　　　」
②第２段階　文型《　　　　　　　　　　　》
　　　　　　文例「　　　　　　　　　　　」
③第３段階　文型《　　　　　　　　　　　》
　　　　　　文例「　　　　　　　　　　　」

Ⅲ　（　　　）に「わかる」「知る」のどちらかを入れなさい。

1「そのことについての情報を持つ」意を表す。（　　　）
2「物事の内容をあれはあれ、これはこれと分別する事ができる」意を表す。（　　　）
3　可能の意味がある。（　　　）
4　他動詞である。（　　　）
5「〜る」形は未実現を表し、現在の状態を表すためには「〜ている」の形をとる（　　　）
6　状態性、動作性の両方の性質を持っている。（　　　）
7　瞬間動詞である。（　　　）

6-10

◎ 授業の手順

〜は〜が できます／できません

▼「にほんご90日」第23課

1 文例を示し、意味を導入する。
2 口慣らし練習をする。<形の練習>
3 運用練習をする。<文の練習>

〜は〜が わかります／わかりません

1 文例を示し、意味を導入する。
2 口慣らし練習をする。<形の練習>
3 運用練習をする。<文の練習>

◎ 用法導入のアイデア

用意するもの：お手玉、けん玉、タスクシート、いろいろな国の言葉のカード

1 できます

①お手玉、けん玉、ウインク、背中で肩からまわした右手と腰からまわした左手を結ぶことができるかどうか、目をつぶって何秒片足で立っていられるかどうか、などをみんなでやってみる。タスクシート（することをイラストで示したもの）のできたものに○、できなかったものに×をつける。

②お手玉ができる学習者とできない学習者を前に出して、やらせてみる。できたら○のカードを出しながら、「Aさんはできます」「Bさんはできません」と言う。

③学習者に○のカードと×のカードを持たせる。教師はイラストカードを示しながら、「テニス」「フランス語」と言う。できる学習者は○のカードを、できない学習者は×のカードを出す。教師はそれを見て、適当にその学習者に「私は○○ができます・できません」と言わせたり、他の学習者に「△△さんは○○ができます・できません」と言わせる。

2 わかります

①いろいろな国の言葉で同じことを言う。学習者は意味がわかったら、○のカードを出し、わからない場合は×のカードを出す。教師は日本語で「○○さんの国はどこですか」と聞く。学習者が答えたら、今度は英語で同じことを聞く。英語がわからないと思われる学習者から先に聞き、そのあとでわかる学習者に聞く。学習者が答えたところで、さらに英語で話を続け、「これは英語です。□□さんは英語がわかります。」と言う。

②同様に、中国語、韓国語、フランス語等で書いた語句や短文のカードを見せる。わかった学習者にその意味を日本語で言わせる。

◎ ここに注意

●助詞「が」に注意を向けよう。

「できること」「わかること」を示す助詞は「を」ではなくて「が」であることをはっき

り示す。「を」は「×」、と板書やカードで示そう。

●「できます」の意味

可能を表す「できます」には、①能力を持っている（英語ができます）　②許される（忙しいので旅行ができません）　の二つの意味がある。「Nができます」はほとんど①の意味に限られる。②の「旅行ができません」のような文を加える場合は、①とは別に出し、「今夜はお酒を飲んだので、運転ができません」のように理由も示すほうがよい。なお「できます」には可能の意のほかに「料理ができました」「新しい店ができる」のように「誕生・完成」の意味もある。

◎ ここがわからない！

■想定質問：「私は日本語を話しできます。」は、いいですか？

【答え方】：いいえ。「できます」は動詞で、「Nができます」の形をとります。ですから、「私は日本語ができます」または「私は日本語を話すことができます」（§14）が正しい形です。

「できます」の品詞に関わる質問である。英語の「can~ , be able to~」からの類推による誤用には「私は日本語を話すできます」といった例もある。この段階では、「できる」が「Nができます」という文型で名詞と共に使われることを示し、運用できるように指導したい。

◎ 学習者が誤りやすい点

①（親しくない人に）「田中さんはテニスができません。」
「Nができません／Nがわかりません」も、「下手」同様マイナスイメージを伴う語であるため、使い方に注意する必要がある。

②「私は音楽ができます。」
このように上位語である「音楽」に「できます」をつけると、意味内容が漠然としてしまうため、「ピアノができます／バイオリンができます」など具体的な楽器等を用いた文例を用いたほうがいい。ただし、「スポーツができる」（＝運動神経がいい）、「勉強ができる」（＝優秀だ）、「仕事ができる」（＝有能だ）、といった「上位語＋できる」の表現は慣用的によく使われる。しかし、これらの表現はこのレベルでの練習に含めないように注意する必要がある。

＜タスクの解答＞

Ⅰ 1　①意味　能力を持っている　用例文「運転ができる」
　　②意味　事情が許す　用例文「あそこの喫煙所でたばこが吸える」
　　③意味　誕生・完成　用例文「新しい店ができた」
　2　上の順序では　③

Ⅱ　①文型《～は Nが できます》
　　例文「山田さんは中国語ができます」
　②文型《～は Vことが できます》
　　例文「山田さんは中国語を話すことができます」
　③文型《～は～が＋可能動詞》
　　例文「山田さんは中国語が話せます」

Ⅲ 1 知る　2 わかる　3 わかる　4 知る　5 知る　6 わかる　7 知る

6-10

△▼　§9　て形の導入　▲▽

◎ タスク

A　次の文の［　　　］に入る適当な語を考えなさい。

動詞の「て形」の導入の際に、学習者にとって特に困難なのは、［①　　　］グループの動詞である。それは、これらの動詞の「て形」に［②　　　］という現象が反映され、形がいくつかのタイプに分かれているからである。一方、［③　　　］グループ、［④　　　］グループの動詞には［②　　　］がないので「て形」への変換が比較的容易である。

B　次の動詞（Ｉグループ）を「～て」の形から、下の５つのタイプに分類しなさい。

a 書きます	b 読みます	c 帰ります	d 消します	e 行きます	f 飲みます
g 取ります	h 着きます	i 遊びます	j 急ぎます	k 死にます	l 歌います
m 泳ぎます	n 待ちます	o 言います	p 貸します	q 立ちます	r 話します
s 吹きます	t 脱ぎます				

Ⅰ「～って」となるもの　［　　　］［　　　］［　　　］［　　　］［　　　］
［　　　］［　　　］

Ⅱ「～いて」となるもの　［　　　］［　　　］［　　　］

Ⅲ「～いで」となるもの　［　　　］［　　　］［　　　］

Ⅳ「～して」となるもの　［　　　］［　　　］［　　　］

Ⅴ「～んで」となるもの　［　　　］［　　　］［　　　］［　　　］

C　上のⅠ～Ⅴのそれぞれに共通することは、どんなことか。「　　　」にひらがなを入れなさい。

Ⅰ　「ます形」の語幹が　「　　　」「　　　」「　　　」である動詞

Ⅱ　「ます形」の語幹が　「　　　」である動詞

Ⅲ　「ます形」の語幹が　「　　　」である動詞

Ⅳ　「ます形」の語幹が　「　　　」である動詞

Ⅴ　「ます形」の語幹が　「　　　」「　　　」「　　　」である動詞

◎ 授業の手順

▼「にほんご90日」第16課

て形の導入

1 《〜てください》の例を示し、使い方を導入する。
2 「〜て」だけを取り上げて示す。
3 「て形」の作り方、動詞のグループを示す。
4 「て形」の練習をする。<形の練習>
5 《〜てください》の口慣らし練習をする。<形の練習>
6 運用練習をする。<文の練習>

◎ 用法導入のアイデア

1　〜てください

①ジェスチャーで立つように示しながら、「○○さん、立ってください」と言う。続いて「ここへ来てください」と言って、手でボードのところに来るように示す。「名前を書いてください」と言って、書かせる。

②「立ってください」「来てください」「書いてください」を聞かせて、学習者に板書させる。

③絵カードで「たちます」を確認し、語彙カードをボードに貼る。同様に「来ます」「書きます」を示し、「ます」に注目させ、「ます形」であることを示す。学習者の書いた「立って」「来て」「書いて」の下に赤で下線を引く。「ます形」と対応させながら、「〜て」に注目させる。「て形」と呼ぶことを示す。

> **発展**
>
> **<て形の歌>**　メロディーをつけて覚える。
>
> ♪　い、ち、り、って　　に、び、み、んで
> し、して　き、いて　ぎ、いで
> します、して　きます、きて　いきます、いって　♪

◎ ここに注意

●フォームを導入する前に用法を示そう

動詞の「〜て」の形は初級前期の学習事項の中でも最も重要度が高い。「て形」の導入に続いてこの形を使う表現、文型がいくつも導入されるので、まず形をしっかり覚えることが最重要である。といっても、「て形」の導入を、まず形の作り方で始めるのでは授業が無機的になってしまう恐れがある。はじめに、「て形」が表現の手段となることを学習者に認識させてから、形の作り方に進むのが有機的な授業の進め方だろう。「て形」を用いる表現はいくつもあるが、いちばん取りつきやすいものに、「〜てください」がある。「て形」がまだ導入されていなくても、「書いてください」「読んでください」などが教室用語としてすでに使われていて、多少なりとも学習者の耳になじんでいる。「〜てください」が「て形」の表現型のトップバッターとして起用されることが多い理由である。

●形の練習は欲張らないで

＜授業の手順＞３では、Ⅱグループの動詞とⅢグループの動詞の「て形」の作り方を先に示し、ここで練習までしてしまってもいい。その後でⅠグループの動詞に入って、タイプごとの形を示すのだが、形の作り方について説明過多にならないように注意する。説明は概要を示す程度におさえて、次の口頭練習に入ったほうがいい。練習はカード等を使ってリズムとスピードを尊重しながら行うが、よくばりすぎないように。一度にいくつものタイプの形を覚えるのは、どんな優秀な学習者にも大変なことだ。この後で次々に出る「て形」の表現型を学びながら、徐々に覚えてもらうことにしよう。

◎ ここがわからない！

■想定質問：動詞のグループはどうやって覚えたらいいですか？

【答え方】：はっきりとした規則がないので、ひとつひとつ覚えてください。

動詞の「て形」導入の際、よく出てくる質問である。日本語教育では一般的な動詞の分類「Ⅰグループ・Ⅱグループ・Ⅲグループ」の他にも、「u動詞・ru動詞・不規則動詞」などの分類もある（内容的には同じ）。辞書形（終止形）から見ると -iru, -eru で終わる動詞（例：見る、食べる）は、おおむねⅡグループだと判別できるが、Ⅰグループのものもある。辞書形がまだ入っていない段階では、一つ一つ覚えるしかない。学習者には大きな負担であるが、詰め込みすぎずに、反復練習させていくことが大切である。
＜§3　タスクⅠ＞参照

◎ 学習者が誤りやすい点

①動詞のグループの混同

覚えるしかない、とはいっても、少しでも負担を軽くするために、Ⅱグループ、Ⅲグループの動詞は「 -i ます／ -e ます／来ます／します」の「ます」を取って「て」をつければＯＫとアドバイスするのもいいだろう。

②促音「っ」の脱落、付加

「行て／言て／切て」などのように促音を落としてしまったり、逆に、「来って」などのように不要に付加してしまうことが非常に多くの学習者に見られる。これは、拍の概念が認識できていないことによる可能性が大きい。拍の認識がなされないまま間違って覚えてしまうケースも多く見受けられるので、教師もこれに対応して適切な練習をしなければならない。促音にも相応の時間的長さがあることを認識させるために、たとえば「行って」の場合、手拍子とともに３拍であることを示すような練習も有効である。

＜タスクの解答＞

A　①Ⅰ　②音便　③④Ⅱ、Ⅲ(順不同)

B　Ⅰ「～って」[c] [e] [g] [l] [n] [o] [q]
　Ⅱ「～いて」[a] [h] [s]　Ⅲ「～いで」[j] [m] [v]
　Ⅳ「～して」[d] [p] [r]　Ⅴ「～んで」[b] [f] [i] [k]

C　Ⅰ「い」「ち」「り」　Ⅱ「き」　Ⅲ「ぎ」　Ⅳ「し」　Ⅴ「び」「み」「に」である動詞

△▼　§10　て形の表現（1）　▲▽
〜ている

◎ タスク

Ⅰ　「〜て」を使う表現(て＋補助動詞)をあげなさい。

①（　〜ています　）②（　　　　　　）③（　　　　　　）④（　　　　　　）
⑤（　　　　　　）⑥（　　　　　　）⑦（　　　　　　）⑧（　　　　　　）
⑨（　　　　　　）⑩（　　　　　　）

Ⅱ　３つの文の中で「〜ている」の使い方が他と異なるものを選べ。

① a 娘は外で遊んでいます。
b ヤンさんはテレビを見ています。
c 弟は結婚しています。

② a サリさんはめがねをかけています。
b 父はネクタイを選んでいます。
c まりさんはスニーカーをはいています。

Ⅲ　（　　　）の中に適当な語をそれぞれ下から選んで入れなさい。

「妹は部屋で勉強しています」の「ている」は、(①　　　　　　）中の動作を表す用法である。一方、「妹は赤いセーターを来ています」の「ている」は、「(②　　　　　　）表現」と呼ばれる用法であり、「行われた動作の（③　　　　　　）状態が継続している」ことを表す用法のヴァリエーションと考えられる。この二つの表現では、用いられる動詞の種類が異なり、前者は、(④　　　　　　）動詞と共に、後者は（⑤　　　　　　）動詞と共に用いられる。動詞の中には、ある時は(④　　　　　　）動詞になり、ある時は（⑤　　　　　　）動詞となるものもある。このような動詞は、進行中の動作を表したり、動作の（③　　　　　　）が残っている状態を表したりする。たとえば「散る」という動詞の使い方を考えてみると、「落ち葉が (⑥　　　　　　）散っている」という文の「散っている」は (④　　　　　　）動詞で進行中の動作を表すが、「木の葉が（⑦　　　　　　）散っている」という文の「散っている」は（⑤　　　　　　）動詞で、結果の状態を表している。

①継起／継続／動作／進行	②装着／状態／結果／完了
③状態／時間／原因／結果	④継続／瞬間／意志／無意志
⑤継続／瞬間／意志／無意志	⑥あちこちに／ハラハラと／一面に
⑦静かに／どんどん／そこここに	

◎ 授業の手順

▼「にほんご90日」第16課～第17課

《～は～ています》（現在進行形の動作）

1　例を示し、使い方を導入する。
2　口慣らしの練習をする。＜形の練習＞
3　運用練習をする。＜文の練習＞

《～は～ています》（装着表現）

1　例を示し、使い方を導入する。
2　口慣らしの練習をする。＜形の練習＞
3　運用練習をする。＜文の練習＞

《～は～ています》（状態）

1　例を示し、使い方を導入する。
2　口慣らしの練習をする。＜形の練習＞
3　運用練習をする。＜文の練習＞

◎ 用法導入のアイデア

1　～ています（動作進行中）

用意するもの：ジュース、イラスト（複数の人物がいろいろなことをしているところ）、

①一人の学習者にジュースを持たせ、「○○さんはジュースを飲みます」と言う。次に、飲んでいるところを指しながら、「今飲んでいます」と言う。「～ています」のフレーズカードを貼り、「～て」の上に「飲んで」を貼る。飲み終わったら、「飲みました」と言う。

②イラストを示して、絵の中の人物がしていることを言わせる。

発展

２枚の絵カードのうち、一方には人物の絵に名前が付けてあり（A）、他方には絵には人物に名前がついていないが、名前のリストがあるもの（B）を用意する。二人で組になって、（B）のカードを持っている学習者が「○○さんは、何をしていますか」と聞く。（A）の学習者は、「○○さんは～ています」と答える。それを聞いて、（B）の学習者は絵カードの人物に名前を入れる。

2　～ています（装着表現）

用意するもの：イラスト（人、ぼうし、めがね、ネクタイ、ズボン、時計、ネックレスなどの衣類や装身具、それぞれ色やデザインの違うものを準備しておく）

①教師は、それぞれの衣類・装身具の語彙とそれに使う動詞を人のイラストにそれらをつけながら示す。それらの名詞と動詞を組みにして、ボードに貼りつけていく。

②つぎに、学習者が「帽子をかぶってください」と指示し、他の学習者がそれを人のイラストにつける。できたものを見て、「帽子をかぶっています」「赤いセーターを着ています」「黒い靴をはいています」等と言わせる。

◎ ここに注意

● **「ている」は定着しにくい**

「ている」を使わずに「〜ます」ですませる学習者が多い。この傾向は中級以上の学習者にもみられる。「姉はアメリカの大学で勉強します」のような文が出てきたら、「お姉さんは今何をしていますか、今何をしていますか」とくり返すなどして、「(今)〜ている」の定着を図りたい。

● **「ている」のいろいろ**

ここで取り上げている二つの用法のほかに、また別の用法の「ている」がある。たとえば、「英語を教えている」(動作の進行というよりは職業・継続的、習慣的にすること)、「準備はもう終わっている」(完了、または結果の残存)「パリへは前に一度行っている」(経験、または結果の残存)「この交差点ではよく事故が起きている」(繰り返し)など、用法の違いも微妙なものが多い。初級のこのレベルでは、典型的な例に絞り、微妙な例文を出さないように気をつけよう。

◎ ここがわからない！

■**想定質問：「学校で日本語を勉強します。」ですか？「勉強しています。」ですか？**

【答え方】：どちらも正しいです。毎日する事、いつもすることは「〜ます」でも「〜ています」でもどちらでもいいです。

日本語の動詞の現在形は「〜ている」で、「〜ます」は現在よりもむしろ未来を表すことが多い。しかし現在の習慣的な行為は「〜ます」でも表せる。

◎ 学習者が誤りやすい点

①「ジョンさんはズボンを着ています。」

「かぶる・着る・はく・かける・はめる・する」の使い分けは「帽子をかぶっています」「くつをはいています」のように共起する名詞とともに覚えるように指導するのがよい。

②「ヤンさんは新聞を見ています。」

「見る」と「読む」の使い分けに絡む問題。確かに、新聞を“見る”だけの状況も考えられるが、「読んでいます」を使うよう指導した方がよい。雑誌の場合には、種類がさまざまなので、雑誌によって「見る」「読む」のどちらも可能である。

＜タスクの解答＞

Ⅰ　②（てください）③（てあります）④（てみます）⑤（ておきます）⑥（てしまいます）⑦（てきます）⑧（ていきます）⑨（てあげます）⑩（てもらいます）⑪（てくれます）⑫（てやります）⑫（てさしあげます）⑬（ていただきます）⑭（てくださいます）

Ⅱ　①c（aとbは「進行中の動作」、cは「結果の状態」）
②b（aとcは「装着表現」、bは「進行中の動作」）

Ⅲ　①進行　②装着　③結果　④継続　⑤瞬間　⑥ハラハラと　⑦そこここに

△▼　§11　て形の表現（2）　▲▽
〜て、〜て・〜てから／〜てもいい・〜てはいけない

◎ タスク

I　「てもいい」の意味が他と異なるものを選びなさい。

1 a. 試験のとき、辞書を使ってもいいですか。
  b. 終わったら、帰ってもいいです。
  c. 失敗してもいいから、やってみるつもりだ。
  d. 来週休暇を取ってもいいでしょうか。

2 a. 頼んでみてもいいけど、たぶんだめだろうよ。
  b. 検査の結果がよければ、退院してもいいですよ。
  c. だれも行く人がいなければ、僕が行ってもいいよ。
  d. 安ければ買ってもいい。

II　次の文の（　　　）の中に適当な語を選んで入れなさい。

〜てから	〜たあと	完了	テンス	前後関係	
部分	全体	行為	単純完了	完結完了	場面
行く	飲む	訪問	単純に	全体的な	

「〜てから」と「〜たあと」のちがいについて考えてみよう。両者はどちらも動詞の連用形に続き、前件と後件の実現する時点の（①　　　　　）を表す点で共通している。「〜てから」は、前件が意味する物事が（②　　　　　）完了して後件が続くことを表すが、「〜たあと」は前件で示された場面の（③　　　　　）が完了し、後件によって次に場面が提示されることを表す。次の例ではどうか。

　a. 山田の家へ行ってから、酒を飲んだ。
　b. 山田の家へ行ったあと、酒を飲んだ。

a、b の２文から『山田の家で酒を飲んだ』『山田の家から他の場所へ移って酒を飲んだ』の二つの場面が考えられる。上の例で「〜てから」は「(④　　　　　)」という行為のみの単純な完結を表すが、「〜たあと」は「(⑤　　　　　)」ということの(⑥　　　　　)完結を表している。したがって、「〜てから」は「(⑦　　　　　)」を表し、「〜たあと」は「(⑧　　　　　)」を表すと言うことができる。

（『日本語教育辞典』大修館書店より）

◎ 授業の手順

～て、～て、～
▼「にほんご90日」第18課

1《～は ～て、～て、……》［行為の継起］の例を示し、使い方を導入する。
2 口慣らしの練習をする。<形の練習>

～てから
▼「にほんご90日」第18課

1《～は～てから……》の例を示し、使い方を導入する。
2 口慣らしの練習をする。<形の練習>
3《～は ～て、～て、……》と《～は～てから……》の運用練習をする。<文の練習>

～てもいい・～てはいけない
▼「にほんご90日」第20課

1《～てもいいいです》の例を示し、意味、使い方の導入をする。
2《～てはいけません》の例を示し、意味、使い方の導入をする。
3 口慣らしの練習をする。<形の練習>
4 運用練習をする。<文の練習>

◎ 用法導入のアイデア

1　～て、～て、～
用意するもの：イラスト（朝起きてからすること）

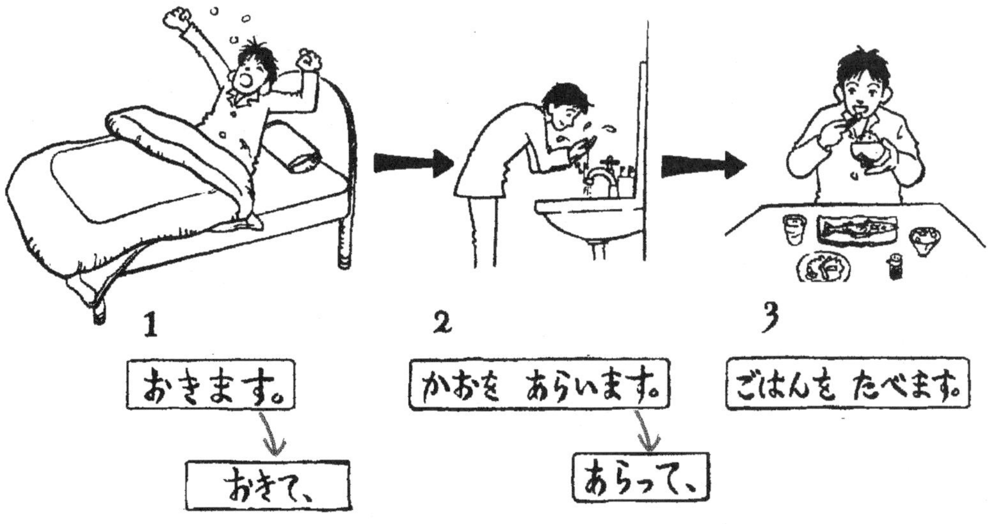

①朝起きてからすることを学習者に聞いて書く。する順に番号をつけて「～ます」の形で板書する。それぞれに文末に「。」をつける。

②「～ます」の上に「～て」のカードを貼り、「。」を「、」に変える。「1」「2」とする順番を示しながら、「～て、～て、～て」と続けて言わせる。

発展

自分の一日のスケジュールを書かせ、となりの学習者に「〜て、〜て」を使って発表させる。

2 〜てから

用意するもの：タスクシート（自分が一日にすることを書き入れるもの、ある人物の一日のスケジュールを絵で表したもの２種類）

①一人の学習者が今日起きてからしたことを順に、他の学習者に「〜てから、何をしましたか」を使って聞かせる。

発展

①生まれてからの今までのことをお互いにインタビューする。

②タスクワーク：「〇〇さんのスケジュール表」で、することのイラストがところどころ抜けているカードA・Bを用意する。AとBでは、スケジュールの抜けているところが異なる。二人組になって、それぞれ自分のカードの空いているところを相手に聞いて埋める。あとで、照らし合わせる。

◎ ここに注意

●「て形」は過去時制でも同形

「〜て、〜て、……」も「〜てから、……」も、続いてする動作を時の経過に沿って示す表現で、主節（「……」の文）には動詞の現在形、過去形が来る*。主節が「〜ました」と過去形であっても従属節の「て形」に変化はない。テンスが厳格な言語を母語とする学習者の中には、いわゆる「時の一致」がなくてもいいかという疑問をもつ人がいるかもしれない。

*「ジョギングを始めてから体調がいい」のように「てから＋状態」の用法もあるが、「てから」を初めて導入する際には扱わないのが普通。

◎ ここがわからない！

■想定質問：「帰ってもいいですよ」と「帰っていいですよ」はどうちがいますか？

【答え方】：この二つに大きなちがいはありませんが、「帰ってもいいです」は「もし帰りたければ、帰ることが許される」という意味です。「も」があるので「帰っていいです」より少しやわらかくなります。

助詞「も」の働きはなかなか微妙で難しい。上司が「休んでいいよ」と言った場合、これは「休む」ことについての許可を出している。部下はたぶん休むだろう。一方「休んでもいいよ」と言った場合は、「もし休みたければ休むこともできるが」と、どちらでもいいことになり、部下は休むかもしれないし、休まないかもしれない。しかし実際上は二つの間には大した差異はない。ただ「も」があると、ほかにも可能性があることを暗示するので、あいまいになり、語調がやわらぐ。

◎ 学習者が誤りやすい点

①「私は本を読んで、パクさんが来ました。」
これは、いわゆる「ねじれ文」の例。「～て、～て（から）」は、各節の動作主が同一でなければならない。

②「昨日、新宿へ行って、勉強して、寝ました。」
動作を羅列する場合、ただ行為を羅列しただけだと、このような文ができる。実際、「昨日何をしましたか。」と聞くと、この例のような文が、口頭練習でも、作文でも、少なからず出てくる。学習者に示したり求めたりする文例には、流れ、まとまりがあるように注意することが必要である。

＜タスクの解答＞

Ⅰ　1ｃ（「かまわない」の意。　a,b,d は「許可」）
　　2ｂ（「許可」。　a,c,d は「消極的な意向」）
　　（1・2 とも）＋（人称の違い）

Ⅱ　①前後関係　②単純に　③全体　④行く　⑤訪問　⑥全体的な　⑦単純完了　⑧完結完了

△▼　§ 12　形容詞のて形　▲▽

◎ タスク

Ⅰ　次の問いに答えなさい。

1「い形容詞」のて形はどんな形になるか。＿＿＿＿＿＿＿＿＿＿＿＿

2「い形容詞」のて形の作り方を示せ。　＿＿＿＿＿＿＿＿＿＿＿＿

3「な形容詞」のて形はどんな形になるか。＿＿＿＿＿＿＿＿＿＿＿＿

4「な形容詞」のて形の作り方を示せ。　＿＿＿＿＿＿＿＿＿＿＿＿

Ⅱ　形容詞の「～て」の使い方が他と異なるものを選びなさい。

1 a. 兄は活発で陽気だ。
  b. 弟は静かで目立たない。
  c. 兄はやさしくて温和だ。
  d. 弟は内気で消極的だ。

2 a. 足が細くて長い。
  b. 髪が短くて金髪だ。
  c. 首が短くて太い。
  d. 目が青くてきれいだ。

Ⅲ　次の文を不自然に感じるとすれば、それはどんな点によるものか述べよ。

1 あの店は安くて、おいしくないです。

＿＿＿＿＿＿＿＿＿＿＿＿＿＿＿＿＿＿＿＿＿＿＿＿

＿＿＿＿＿＿＿＿＿＿＿＿＿＿＿＿＿＿＿＿＿＿＿＿

＿＿＿＿＿＿＿＿＿＿＿＿＿＿＿＿＿＿＿＿＿＿＿＿

2 このカメラは便利で、小さいです。

＿＿＿＿＿＿＿＿＿＿＿＿＿＿＿＿＿＿＿＿＿＿＿＿

＿＿＿＿＿＿＿＿＿＿＿＿＿＿＿＿＿＿＿＿＿＿＿＿

＿＿＿＿＿＿＿＿＿＿＿＿＿＿＿＿＿＿＿＿＿＿＿＿

◎ 授業の手順

▼「にほんご90日」第19課

●は■て、■です。

1 い形容詞のて形を示す。
2 な形容詞のて形を示す。
3 口慣らしの練習をする。＜形の練習＞
4 並列関係の文《～は～て、～です》の例を示し口慣らしの練習をする。
5《～は～て、～です》の運用練習をする。＜文の練習＞
6 因果関係の文《～は～て、いいです。》の例を示し口慣らしの練習をする。
7《～は～て、いいです》の運用練習をする。＜文の練習＞

◎ 用法導入のアイデア

用意するもの：イラストまたはレアリア（カメラ－使い捨てカメラ・古くて重いカメラ、アパート－広くてきれい・小さくてきたない　など）

1　フォームの導入

①いくつかの動詞を挙げて、「～ます」と「～て」を対応させる。（語彙カードを貼る）
②「～ます」の欄に「おおきい」と書き、それと対応させて「～て」の下に「おおきくて」と板書か、カードで示す。
③同様に、な形容詞も「ひま」、「ひまで」と示す。

2　並列関係

①使い捨てカメラを見せて、「これは小さいです。軽いです。」とくり返す。次に「このカメラは小さくて、軽いです。」と言う。
②フレーズカードで文を示し、「小さくて」の部分に注目させる。

3　因果関係

①「駅に近くて周りに店が多いが、狭くて家賃が高いアパート」を示す。
②「このアパートは、狭くて、高いです。」と言わせる。
③「でも、このアパートは駅に近くて、いいです。」と言って、フレーズカードを貼る。
④「このアパートは便利で、いいです。」と言って、フレーズカードを貼る。

発展

形容詞の語彙カードをボードに貼る。学習者は、そこから形容詞を選んで、自分の持っているもの、自分の町、家族などを説明する。

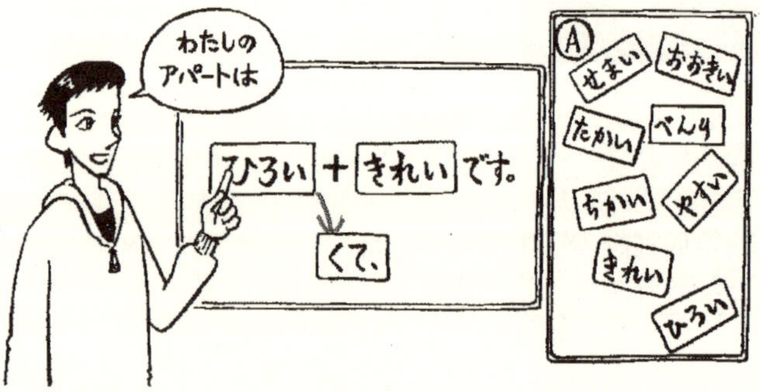

◎ ここに注意

●二つの形容詞の関係に注意。

①並列関係。「彼はスマートで (a)、ハンサム (b)です」

この文では (a) (b) が等価。(a) と (b) は並列の関係にあるので、逆にしても不自然ではない。

②因果関係。「このバナナは甘くて (a) 、おいしい (b) です」

この文では (a) はバナナの性質、(b) は話者の評価であり、等価ではないので、「甘いから、おいしい」という意味になる。(a) の「て」は (b) の理由とみなすことができる。したがって、 (a) (b) を逆にした「おいしくて、甘いです」は不自然になる。

以上のことは、教師がきちんと理解している必要はあるが、学習者にわざわざ説明することはない。まちがいを指摘する際にはわかりやすい文例をいくつか示して理解させる。

●「よくて」の形に注意

「よくて」は、「よくない」「よかった」と同様、例外的な形なので、まちがえやすい。

◎ ここがわからない！

■想定質問：「あの店のケーキは安かったで、おいしかったです。」は、いいですか？

【答え方】：いいえ。「あの店のケーキは安くて、おいしかったです。」です。
過去形の場合は、最後の「い形容詞」だけ「～かった」の形にします。

テンスについての質問。動詞の「て形」導入の際には、まだ「た形」が導入されていないので、このような質問は出てこないが、形容詞の場合は、こうした質問や、誤用が出てくる可能性がある。文末のテンスが現在でも過去でも文中の「～て」は変化しないように(§11)、日本語のテンスは文末の語形で示せばすむということを、むしろ“覚えやすいメリット”として確認しておくのがいい。

◎ 学習者が誤りやすい点

①「あの家は大きいで、きれいです。」
これは、「い形容詞」を「な形容詞」の語形変化と混同した例。「い／な形容詞＋です」の形が既習であるせいか、「い形容詞＋で」のミスが出やすいので、その都度訂正して定着を図る必要がある。

②「このかばんは高くて、いいです。」
非常に微妙で答え方の難しい質問である。学習者の発話意図はおそらく「値段が高い高質のかばんである」ということなのだろう。この発話意図にはうなずける。しかし、「〜て、いいです。」の「〜て」は、評価の根拠を表す文になるので、「値段が高いのでいい」という意味になってしまう。「値段が高い」こと自体は、消費者としては普通「いい」要素ではないので、客観的表現としては不自然に感じられるわけだ。しかし、学習者の意図は「高価」と「高質」の二つを並列し「て」で結合しただけと考えられる。ところが、この文型では、「いいです」は主体の性質を客観的に表す客観性形容詞ではなく、「いい」という話者の判断を表す主観的形容詞*であるため、この文型では「値段が高いだけあって高質のかばんである」という主観的判断になってしまうわけである。では、この表現は並列表現にはなり得ないのだろうか。形容詞が連体修飾節の中に入った文「これは、高くていいかばんです。」なら、「高い」と「いい」が等質・等価になり、並列とも受け取られる。（<ここに注意>参照）「高くていい」の「高い」と「いい」の結合はやはり不自然であるが、「いい」が客観性形容詞に変わるわけである。以上のような考察から、「いい」という形容詞の性格の複雑さが見えると同時に、日本語の形容詞の用法、「〜て」の用法の多面性が見えてくる。どこか不自然だという文例に遭った場合は、学習者の発話意図を確認してから訂正することが必要である。

＊　日本語の形容詞には、性質・状態を客観的に表す「客観性形容詞」と、感情・感覚を主観的に述べる「主観性形容詞」がある。<§5　タスクⅠ><§5　学習者が誤りやすい点⑤>参照

<タスクの解答>

Ⅰ　1　〜くて　　2「い」を「く」に変えて「て」をつける。
　　3　〜で　　　4「です」を「で」に変える。／「で」をつける。

Ⅱ　1　b（因果関係、a c d は並列関係）
　　2　d（因果関係、a b c は並列関係）

Ⅲ　1　二つの形容詞が順接であるべきなのに逆接である。「安くて、おいしいです」とすれば違和感がなくなる。ただし、学習者の文化・社会的背景を考える必要がある。<§12　学習者が誤りやすい点②><§5　学習者が誤りやすい点⑤>参照
　　2「便利」は話者の判断・評価であるが、「小さい」は客観的な形容であるので、二つの形容は性格が異なり、等価ではない。では「便利」が「小さい」の理由かといえば、それは成り立たない。前後逆の「小さくて便利だ」なら自然。

△▼　§13　ない形の表現　▲▽
～ないでください・～なければなりません・～なくてもいいです

◎タスク

Ⅰ（　　　）に入る適当な言葉を考えなさい。

A「ない形」とは、動詞の現在の（①　　　　　）形のことをいう。しかし、「～ません」は「ない形」とは呼ばず、「～ます」の（②　　　　　）形としてとらえる。

B「て形」と同様に、動詞の3つのグループのうちで、「ない形」の作り方が最も簡単なのは、（①　　　　　）グループである。このグループの動詞の「ない形」は、「ます形」の「（②　　　　　）」に「ない」を加えればよい。一方、Ⅰグループの動詞では、「ます」の前のイ段の音を（③　　　　　）に変えて、「ない」を加える。Ⅲグループの動詞は不規則変化で「（④　　　　　）」「（⑤　　　　　）」の二つである。

Ⅱ「ない」の性質として、誤りを指摘し、適当な表現に直しなさい。

1「ない」は、動詞のみに接続する。

誤：＿＿＿＿＿＿＿＿＿＿＿＿＿＿→　正：＿＿＿＿＿＿＿＿＿＿＿＿＿＿

2「ない」は、常に「ぬ」に置き換えられる。

誤：＿＿＿＿＿＿＿＿＿＿＿＿＿＿→　正：＿＿＿＿＿＿＿＿＿＿＿＿＿＿

3「ない」が表す意味は「否定」のみである。

誤：＿＿＿＿＿＿＿＿＿＿＿＿＿＿→　正：＿＿＿＿＿＿＿＿＿＿＿＿＿＿

4「～なければいけません」は「～なければなりません」の誤用である。

誤：＿＿＿＿＿＿＿＿＿＿＿＿＿＿→　正：＿＿＿＿＿＿＿＿＿＿＿＿＿＿

5「～なくてもいいです」は動詞につき、「不必要」の意味等を表す。

誤：＿＿＿＿＿＿＿＿＿＿＿＿＿＿→　正：＿＿＿＿＿＿＿＿＿＿＿＿＿＿

◎ 授業の手順

ない形

▼「にほんご90日」第21課

1《～ないでください》の例を示し、使い方を導入する。
2「～ない」の形に注目させて、「ない形」の作り方を示す。
3「ない形」の練習をする。＜形の練習＞

ない でください

▼「にほんご90日」第21課

1 文例を再度示してから、口慣らしの練習をする。＜形の練習＞
2 運用練習をする。＜文の練習＞

なければなりません

▼「にほんご90日」第22課

1《～なければなりません》の例を示し、使い方を導入する。
2 口慣らしの練習をする。＜形の練習＞

なくてもいいです

▼「にほんご90日」第22課

1《～なくてもいいです》の例を示し、使い方を導入する。
2 口慣らしの練習をする。＜形の練習＞
3《～なければなりません》《～なくてもいいです》の運用練習をする。＜文の練習＞

◎ 用法導入のアイデア

1　ないでください

用意するもの：イラスト（教科書を見ているところ、となりの学習者と話しているところなど）

①テストのときに、教科書を見てもいいか、となりの学習者と話してもいいかをイラストで示しながら、問いかける。×のカードを出して、「だめだ」と示す。「見ないでください」「話さないでください」と言い、リピートさせる。

②フレーズカード「見ないでください」「話さないでください」を貼る。「見ない」「話さない」に注目させ、「見ます」「話します」の絵カードに×のカードを重ねて、否定の意味であることを示し、「ない形」と呼ぶことを示す。

発展

各学習者が、警官、先生、図書館員、駅員、医者等になり、みんなに注意を与える。

2　**なければなりません・なくてもいいです**

用意するもの：イラスト（喫茶店）、レアリア（机、いす、ジュース、クッキー、お金を入れた財布）

①喫茶店のイラストを貼り、その前に机といすをおき、学習者１人を客にし、もう一人を店員にする。店員が注文をとり、品を持ってくる。（ジュースなどを用意）。客が食べる。

②「客」を自分の席に戻らせ、「おいしかったですか」と聞き、店員には「お客さんはお金を払いましたか」と聞く。他の学習者には「お客さんはお金を払いませんでした。いいですか」と聞き、「払いませんでした。だめです」と言って、×のカードを出す。「お客さんはジュースを飲みました。お金を払わなければなりません」と言い、「お金を払わなければなりません」のフレーズカードをボードに貼る。

③次に教師と学習者がさいふを持って、客になる。飲食の後で教師が先にお金を払う。学習者も払おうとするが、教師が先に全額払ってしまったので、店員はいらないと言う。教師は他の学習者に向かって、「私が全部払いました。〇〇さんは払いません。でも、大丈夫です。」と言って〇のカードを出す。

④フレーズカード「払いません。でも、いいです。」と「払わなくてもいいです。」を上下に並べて貼り、「でも」→「ても」に注目させる。

◎ ここに注意

●いきなり形の作り方からはじめるのは避けよう。

「て形」の導入の際と同様に、新しい形を導入するときは、その形の使い方、その形を使う必然性を示そう。「ない形」を示すには「～ないでください」を「とっかかり」とすることが多い。

●五十音表の活用

Ⅰグループの動詞の「ない形」の作り方を示すには五十音表を用いるとよい。すでに導入されている「ます形」についても五十音表で確認する。形の作り方について説明過多にならないように注意する。説明は概要を示す程度におさえて、次の口頭練習に入ったほうがいい。練習はカード等を使ってリズムとスピードを尊重しながら行うが、これもよくばりすぎないように。一度にいくつものタイプの形を覚えるのは、どんな優秀な学習者にも大変なことだ。

◎ ここがわからない！

■想定質問：「～ないでください」と「～てはいけません」は、同じですか？

【答え方】：はい、だいたい同じですが、「～てはいけません」の方が、強い言い方です。

どちらの表現も、動作の禁止を表す表現である。厳密に言えば、前者は「動作の不履行の依頼」、後者は「動作の禁止」で細かいニュアンスの違いがある。しかし、発話意図としてはおおむね同じであり、意味の違いよりも、状況の違いが使い分けの問題にかかわることが多いので、両者の違いにあえて触れる必要はない。むしろ、適切な状況を想定して練習すること、場合によっては発話行為自体が相手に失礼になると指導することのほうが重要である。また、「～てはいけません」は客観的な表現型であって、話者が自分を対象とした行為について言う場合には、普通「～ないでください」を用いる。学習者に誤用が見られた場合には触れる必要がある。（例「○（私に）さわらないでください。」「×（私に）さわってはいけません」）

◎ 学習者が誤りやすい点

①「来（き）ない」

Ⅲグループの「来ます」のない形が「こない」とならずに、「きない」となる傾向があるので、注意が必要である。

②「なければなりません」

「ない形」はともかく、「なければなりません」を最初からなめらかに言える学習者は少ない。十分な口慣らしの練習が必要で、「～なければなりません」を切らずにひと続きで言えるように指導する。「なくてもいいです」も同様。この二つの形は別々に口慣らし練習ができても、運用の際に形が混乱する恐れがあるので、たとえば次のようなランダムでの練習も加えるほうがいい。（ただし、このような機械的な練習はやりすぎないように）

教師「行きます」　→学習者「行かなければなりません」
教師「行きません」→学習者「行かなくてもいいです」

③「今日払わないでもいいです。」

「～なくても」の誤用として「～ないでも」が出てきやすい。日本語のネイティブスピーカーにも時折この誤用が見られるのは興味深い。「今日払いません。でも、いいです。」との混同か。

＜タスクの解答＞

Ⅰ　A　①否定　②否定　B ① Ⅱ　②語幹　③ア段　④こない　⑤しない　（④⑤は順不同）

Ⅱ	1	誤：	動詞のみ	→	正：	動詞・い形容詞・な形容詞
	2	誤：	常に置き換えられる	→	正：	動詞は置き換えられるが形容詞は不可
	3	誤：	「否定」のみ	→	正：	「否定・疑問・勧誘・推量」等
	4	誤：	誤用である	→	正：	同意表現である
	5	誤：	動詞	→	正：	用言（動詞・い／な形容詞）

△▼ §14 辞書形の導入 ▲▽
～ことができます・趣味は～です・～まえに

◎ タスク

I 次の問に答えなさい。

1 辞書形とは、どんな形か。説明しなさい。

______

______

2 動詞を導入する際に「ます形」を先にするか、「辞書形」を先にするか、ということがしばしば問題とされるが、
①「ます形」を先にする場合のメリットとしては、どんなことがあるか。

______

②「辞書形」を先にする場合のメリットとしては、どんなことがあるか。

______

3 Ｉグループの動詞(五段動詞)とⅡグループの動詞(一段動詞)には、辞書形の末尾にそれぞれある特徴が見られる。それは何か。
①Ｉグループの動詞の末尾の特徴

______

②Ⅱグループの動詞の末尾の特徴

______

4「私は運転をする<u>こと</u>ができる」「私の趣味はケーキを作る<u>こと</u>です」の「こと」(①) と「<u>こと</u>が起きてからでは遅い」の「こと」(②)とは分けて考えるべきである。この①と②の違いはどんなことか。説明しなさい。

______

______

______

◎ 授業の手順

辞書形
▼「にほんご90日」第24課

1 《〜ことができます》の例を示し、使い方を導入する。
2 「〜こと」に注目させ、「〜」が「辞書形」であることを示す。
3 「辞書形」の形を示す。「ます形」から導く。
4 「辞書形」の練習をする。＜形の練習＞

　　　ことができます
▼「にほんご90日」第24課

1 《〜ことができます》の文例をもう一度示し、運用練習をする。＜文の練習＞

（趣味）は　　　ことです
▼「にほんご90日」第25課

1 《〜は〜ことです》の例を示し、使い方を導入する。
2 口慣らしの練習をする。＜形の練習＞
3 運用練習をする。＜文の練習＞

　　　まえに
▼「にほんご90日」第25課

1 《〜まえに》の例を示し、使い方を導入する。
2 口慣らしの練習をする。＜形の練習＞
3 運用練習をする。＜文の練習＞

◎ 用法導入のアイデア

1　辞書形

用意するもの：○×のカード

①「できます」のカードをボードに貼り、先に学習した「名詞＋ができます」をもとに、「日本語ができますか。」「英語ができますか。」と聞きながら、出たもの（名詞）を「できます」の前に書いていく。

②「ヤンさんはカタカナを読みます」と言って、○のカードを示し、「カタカナを読みます」のフレーズカードを「できます」の前に貼る。「日本語、英語、テニス、は名詞です。でも、『読みます』は名詞ではありません。どうしますか。」と言いながら、「こと」のカードを出して、「読みます」の後ろにつける。さらに、「読みます」の上に「読む」を重ねて貼る。「読む」が「辞書形」だということを示す。「辞書形＋こと」で、名詞と同じように「ができます」につながることを示す。

③つぎに、「カタカナを書きます」と言って×のカードを示し、「できません。カタカナを書くことができません」と言う。②と同様に、カードを使って示す。

発展

ゲーム：「ここはどこでしょう」

場所の絵カードを裏向けに積んでおく。学習者は一枚めくって、そこでできること、できないことを言って、他の学習者にその場所を当てさせる。

2　趣味は～です

学習者に「私の趣味は音楽です」と言って板書する。次に学習者に「あなたの趣味は何ですか」と聞いてみる。たぶん「私の趣味はテニスです」とか「旅行です」というように名詞文が出てくるだろう。それを板書しておく。2、3例を板書したら、教師はもう一度「私の趣味は音楽です。」と板書を指して言い、「でも私はピアノをひくことができません。ギターをひくこともできません。歌もへたです。私の趣味はＣＤを聞くことです。音楽を聞くことです。」と言って板書してある「音楽」を「音楽を聞くこと」に入れ替える。

3　まえに

用意するもの：イラスト（食べているところ、手を洗っているところ）

①食べているところのイラストを貼り、両側に→を入れる。手を洗っているところのイラストをそのイラストの左、右に動かして、どちらに入れるかを問いかける。「手をあらいます」は「ごはんを食べます」の「まえ」であることを確認する。

②「手を洗います」のフレーズカードを貼り、「いつですか」と言いながら「まえに」を貼り、その前に「ご飯を食べます」を貼る。そして、「食べます」の上に「食べる」のカードを重ね、「辞書形」と呼ぶことを示す。

発展

教師は学習者に「みなさんは何時に寝ますか。寝る前に何をしますか。」と問いかけ、学習者に「私は寝る前に歯をみがきます。」のような文を引き出す。学習者が答えたら、さらに「歯をみがく前に何をしますか」と答えたことの前に何をするかを順に質問する。途中から、他の学習者に質問させたり、答える学習者を交代させたりする。

◎ ここに注意

●～（V）ことができます

既習の《～（N）ができます》と関連づけて教えれば困難はない。ここでも、やはり「できる」には「能力がある」意と「許される」意があることに注意する。

●～（N）は～（V）ことです

導入にあたっては、「私の趣味は～ことです」と、Nを「趣味」に固定して示すとわかりやすい。この文型は、《N_1はN_2です》と同様に名詞文であるので、初めに名詞文から入り、次にその名詞を「Vすること」の形に置き換えて示す。

◎ ここがわからない！

■想定質問：「私の趣味は、食べると寝ることです。」は、いいですか？

【答え方】：　いいえ。「私の趣味は、食べることと寝ることです」が、正しい文です。

日本語の文はテンスが文末に依存する（§12＜ここがわからない＞）のに対し、「AとBです」のような並列の形では並べる品詞を名詞にそろえなければならない。従って、「食べると寝るです／食べることと寝るです」は誤用である。この「AとB」は「テニスとお茶」のように、［名詞と名詞］でなければならないことを確認しよう。動詞「食べる」を名詞に変えるのが「こと」だと導けば、この課のねらいと一致する。

◎ 学習者が誤りやすい点

①「辞書形」の導入による混同

「辞書形」を導入する際に注意したいのは、Ⅰグループの「ラ行動詞」とⅡ、Ⅲグループの動詞の混同である。たとえば「取る」（Ⅰグループ）と「見る」（Ⅱグループ）は同じ姿に見えるので混同されやすい。「ます形」からは正しい活用ができる学習者でも、辞書形からの変換では混乱することがある。

②「こと」の脱落

「こと」は落ちることが多い。「私の趣味は音楽を聞くです。」のようなミスに出会ったら、「NはNです」（「趣味は音楽です。」）の文型に戻って確認すること。＜ここに注意＞参照

＜タスクの解答＞

1 「辞書形」とは、一般の辞書類が見出し語として使っている形、すなわち終止形をさす。ただし、語の品詞は動詞に限られる。

2 ①学習者はまず丁寧体の会話を覚えなければならない。「ます形」は丁寧体であるので、「ます形」を覚えれば、実際の会話ですぐ運用できる。
②「ます形」から辞書を引くことはできない。「辞書形」を知っていれば、辞書を引いて意味を自分で調べることができる。また、辞書形の末尾から動詞の種類（グループ）をかなり見分けることができる。

3 ①「yomu」「kaku」のように末尾が「-u」（ただし、「-eru」「-iru」の多くはⅡグループに属する。）
②「taberu」「miru」のように末尾が「-eru」か「-iru」（ただし、「帰る」「切る」のような例外もある。）

4 ①この「こと」は形式名詞と呼ばれる。名詞であるが、実質的な意味を持たない。独立して用いられずに、「～こと」と、連体修飾語の後に続く用法でのみ用いられる。通常ひらがなで表記される。一方、②は普通名詞で「事」という意味を持ち、独立して用いることができる。漢字も用いられる。

△▼　§15　た形の表現　▲▽
〜たあとで、〜たことがある・〜たり、〜たりする

◎ タスク

Ⅰ　次の問に答えなさい。

「た形」の作り方は、学習者にどのように示すか。

____

____

Ⅱ　(　　　) に入る適当な言葉を考えて入れなさい。

「た形」の表すところは、まずa「先週京都へ行った」のように過去にした行為である。しかし、「た形」は常に過去の行為を表すとは限らない。たとえば、b「京都へ行ったことがある」は、過去に行ったことを客観的に述べるのではなく、現在から振り返って、「(①　　　　　)」として表している。また、「明日、授業が終わったあとで一緒に食事をしましょう」は、過去のことではない。「終わった」は行為の「(②　　　　　)」だと言うことができる。c「泣いたり笑ったりする」も過去のこととは限らない。この「たり(だり)」は完了の助動詞「たり」が助詞化したものと説明されるが、日本語教育ではただ「た形＋り」と示す。初級で教える「た形の表現」には上の a,b,c のほかに「(③　　　　　)」、「(④　　　　　)」「(⑤　　　　　)」などがある。

◎ 授業の手順

た形　　▼「にほんご90日」第26課

1《～たあとで、～します》の例を示し、使い方を導入する。
2「～た」に注目させ、「た形」の作り方を示す。
3「た形」の練習をする。＜形の練習＞

＿＿たあとで　　▼「にほんご90日」第26課

1《～たあとで、～します》の例をもう一度示し、運用練習をする。＜文の練習＞

＿＿たことがあります　　▼「にほんご90日」第27課

1《～たことがあります》の例を示し、意味、使い方を導入する。
2 口慣らしの練習をする。＜形の練習＞
3 運用練習をする。＜文の練習＞

＿＿たり、＿＿たりします　　▼「にほんご90日」第27課

1《～たり、～たりします》の例を示し、意味、使い方を導入する。
2 口慣らしの練習をする。＜形の練習＞
3 運用練習をする。＜文の練習＞

◎ 用法導入のアイデア

1　たあとで

用意するもの：イラスト（ごはんを食べる、皿を洗う、歯をみがく、など）

①「ごはんを食べる」のイラストを貼り、矢印を使って前後を示す。既習の「まえに」を使って、ごはんを食べるまえにすることを言わせてから、イラストの反対側に移動して、「あと」を示し、ご飯を食べた後ですることをいろいろ言わせる。（予想されることのイラストを用意しておくとよい。）

②「ご飯を食べました。あとで」と言い、フレーズカードを貼る。「食べました」の上に「食べた」を貼り、「た形」と呼ぶことを示す。学習者が言ったことを書く。

2　たことがあります

用意するもの：写真またはイラスト（動物、ゾウに乗っている人、乗り物、食べ物、場所）、レアリア：食べ物（珍しいもの）、絵葉書（有名な場所）

①動物の写真を見せて、見たかどうか聞き、「見たことがあります」と言わせる。

②ゾウに乗ったかどうか聞き、「乗ったことがありません」と言わせる。

③フレーズカードを使って、「た形＋ことがあります」となることを確認する。

④その他、乗り物の写真、食べ物、絵葉書、などを示して「～に乗ったことがあります」「～を食べたことがあります」「～へ行ったことがあります」を使ってＱ＆Ａをさせる。

◎ ここに注意

● **「た形」を導入するための表現型**

ここでは《～たあとで》を「た形」の導入のために用いたが、《たことがあります》を用いてもよい。

● **「た形」の示し方**

「た形」は「て形」から簡単に導くことができる。

● **《～たことがあります》は定着しにくい。**

《～たことがあります》は学習者にとってあまり存在感のある文型ではないようだ。「京都に行ったことがあります」を「前に京都へ行きました」と言ってすませてしまってもコミュニケーションには差し支えがなく、「～たことがあります」を使わなければならないという必然性があまり高くないからだろう。単なる過去の行為の叙述ではなく「経験」としてとらえる表現だということを理解させるには、「蛇の肉を食べたことがありますか。私はありません。」などのように、かなり特殊な例を用いるほうがいい。また「～たことがありません」と、否定の例も意識的に入れたほうがよい。「～たことがありました」とならないように注意を向けよう。

● **「去年行ったことがあります」はダメ。**

《～たことがあります》は近い過去の時点をはっきり表す語と共には使われない。「10年ぐらい前に京都へ行ったことがあります。」はいいが、「去年行ったことがあります」は不自然。また、この表現は基本的には「１回か、ゼロ回か」を問題とするので、複数の回数をはっきり言うと不自然になる。「京都へ４回行ったことがあります」は不自然。「京都へ何回か行ったことがあります」なら不自然ではない。初級の前期のレベルでは、《～たことがあります》は、時を言わない、複数の回数を言わないという方向に導くのがいいだろう。

● **「ＡたりＢたり」のＡＢの関係は？**

「学校へ行ったり、テレビを見たりしました」というような、ＡＢのバランスが悪い文が出ないように、学習者に示す例文ではＡとＢの語の選び方に気をつけよう。どんな組み合わせがバランスがとれるのかは、例で示すしかない。

◎ ここがわからない！

■想定質問：「私は２年前に京都へ行ったことがあります。」は、いいですか？

【答え方】：いいえ。「Vたことがあります」は「先月、去年、～年前に」などとは一緒に使えません。「私は２年前に京都へ行きました。」か「私は京都へ行ったことがあります。」がいいです。

「～たことがあります」は、近い過去の時点を表す語彙や、頻度（複数の回数）とは共起しにくい。「１度（回）行ったことがあります」は可。＜ここに注意＞参照

◎ 学習者が誤りやすい点

①「読むあとで」「読んだまえに」
このような動詞のフォームの混同は非常に多い。「あとで」は「終わった」、「まえに」は「まだ終わらない」、だから「たあと」「るまえ」となる、と言えば覚えやすくなるだろう。ただし、この「終わった」は過去時制ということではなく「完了」であり、時制は非過去もありうる。（例：明日仕事が終わったあとで、映画を見に行きます。）わざわざ説明する必要はないが、このような文例が出たような場合は、「明日でも、『～た』が使われる」ということを補足したらよい。

②「日曜日は、洗濯をしたり、買い物に行きます。」
「～たり、～たりします」は、文末の「たりし」が脱落し、普通の「ます形」のまま発話されやすい。必ず「Aたり、Bたり」となること、どんな動詞でも文末は「します」の形になることをきっちり教えておかないと、文型が崩れやすいので注意。

11-15

＜タスクの解答＞
Ⅰ「た形」は「て形」から作る。「て」を「た」に替えればよい。
Ⅱ ①経験　②完了　③④⑤「～たまま」「～たほうがいい」「～たら」「～たところ」など(順不同)

△▼　§16　普通形の導入　▲▽
〜と思う・でしょう

◎ タスク

Ⅰ　問に答えなさい。

「普通形」(Plain form)　とは、具体的にどんな品詞のどんな形か。

______

______

______

Ⅱ　(　　　)に入る適当な言葉を考えなさい。

「普通形」を導入するねらいは、大きく分けて三つある。

第一のねらいは、「普通形」を用いるスタイルを教えることである。これは、「日本人だ」「学校へ行った」のような「普通形」を使うスタイルで、「日本人です」「学校へ行きました」のような「です・ます」の「丁寧形」を使うスタイルが「丁寧体」と呼ばれるのに対して、「(①　　　　　)」と呼ばれる。このスタイルの用途は二つあり、第一に、(②　　　　　)で用いられ、第二に、(③　　　　　)で用いられる。

第二のねらいは、普通形に接続するいくつかの表現型を教えることである。初級で教える普通形接続の表現型には、「(④　　　　　)」「(⑤　　　　　)」「(⑥　　　　　)」「(⑦　　　　　)」などがある。

第三のねらいは、名詞を(⑧　　　　　)する方法を教えるためで、たとえば「私がさっき会った人は……」という文が言えるように導くことである。

Ⅲ　問に答えなさい

「〜と思います」「〜でしょう」は、普通形に接続する推測の表現として似たものと考えられるが、まったく同じというわけではない。この二つのちがいについて①接続の形から、②使い方から　説明しなさい。

① ______

______

② ______

______

◎ 授業の手順

普通形　　▼「にほんご90日」第28課

1 普通体の会話を聞かせる。普通形に注目させる。
2 普通形の形を示し、練習をする。＜形の練習＞
3 普通体の会話の練習をする。＜文の練習＞

と思います　　▼「にほんご90日」第29課

1 《〜と思います》の例を示し、使い方を導入する。
2 口慣らしの練習をする。＜形の練習＞

でしょう　　▼「にほんご90日」第29課

1 《〜でしょう》の例を示し、使い方を導入する。
2 口慣らしの練習をする。＜形の練習＞
3 《〜と思います》《〜でしょう》の運用練習をする。＜文の練習＞

◎ 用法導入のアイデア

1　普通体の会話

用意するもの：イラスト（会話の場面、人物）、会話全文のフレーズカード（丁寧体、文末の普通形）、テープ（丁寧体のもの、普通体のもの）

①丁寧体の会話を聞かせ、どんな場面か、登場人物の関係を推測させる。
②場面のイラストを貼り、人物を配置する。テープを聞いて、リピートさせる。
③二人の関係を親しい友人にする。人物のイラストを変え、近づけて貼る。普通体の会話を聞かせて、文末が変わることを示す。
④フレーズカードを貼って文末がどう変わるかに注目させる。「普通形」であることを示す。
⑤表情や身振りも変えて普通体の会話をさせる。

会話例「キムさんのアルバイト第１日目」

A（山田はキムと同じ職場で働く人）
山田：キムさん、お茶、飲みませんか。
キム：はい。ありがとうございます。
山田：この仕事は、どうですか。
キム：忙しいですが、楽しいですね。

B（キムとヤンは親しい友人）
ヤン：キムさん、お茶、飲まない？
キム：うん。ありがとう。
ヤン：この仕事は、どう？
キム：忙しいけど、楽しいね。

発展

キムと上司の会話や、キムと家族の会話など、二人の関係を書いたカードを用意し、ペアの学習者に引かせ、その関係に合った会話を考えさせる。練習後発表させる。

2　と思います

「と思います」[判断・評価]

用意するもの：なじみがなくて、おいしいかどうかの評価が人によって分かれるような食べ物

①食べ物を食べさせて、「どうですか。」と聞く。教師も食べてみて、「おいしいです。私はおいしいと思います。」と言う。

②「私は～と思います」のフレーズカードを貼り、「おいしいです」と言いながら、「おいしいです」のフレーズカードの「おいしい」を「～」のところに貼る。

③その他の質問をする。

	《話題》	《語彙・表現》
例	・食べ物	おいしい、あまい、すっぱい、にがい、など
	・俳優や歌手の写真	かわいい、きれい、ハンサム、など
	・日本の生活	楽しい、さびしい、大変、など
	・日本語	発音がかんたん、文法が難しい、など

「と思います」[推測]

推測・予想をさせて、「～と思います」を引き出す。

例	・スポーツの試合	○○が勝つと思います
	・じゃんけん	Aさんは○○を出すと思います。

◎ ここに注意

●普通体の会話の難しさ

「です・ます」の「丁寧体」会話になれたところでスタイルを普通体に変えるのは、学習者にとってなかなか大変だ。「はい／いいえ」に代わる「うん／ううん」からしてかなりの練習がいる。また、普通形とはいっても、名詞、な形容詞の文では「元気？」「うん、元気。」のように「だ」が落ちることが多い。特に女性の場合「うん、元気だ。」は不適当なので、会話練習には注意が必要。また普通体の会話が成立するのは家族、友人、近い関係の人、目下の人などであることをしっかり示そう。

●「たぶん」「きっと」

《～と思います》《～でしょう》は、ここで推測の表現として導入されるので、一緒に推量の副詞「たぶん」「きっと」を入れよう。この二つは、比べると「きっと」のほうが確実性が高い。

●「〜と思います」と「〜でしょう」

a《〜と思います》、b《〜でしょう》は、ともに推測の表現として導入されるが、a と bを比べると、a のほうに話者自身の推測がより多く感じられる。構文を見ると、「サリさんは来ると思います。」では、「思います」の主体は、省略されている「私」で、サリさんではない。本来この文は、「私は、サリさんが来ると思います」であるはず。サリさんが主体なら「サリさんは、××さんが来ると思っています」となる。文の構造に敏感な学習者なら、このあたりに疑問をもつ可能性がある。a、bともに他者についての推測を言うことが多いが、b のほうはより客観的で、自身のこと、特に意志でコントロールできることについて「私は〜でしょう」と言うことはまずない。たとえば「(私は) 明日たぶん来るでしょう」とは言わない。しかし、「(私は) 明日たぶん来られるでしょう」なら可能である。また、どちらも普通形に接続するとはいっても、b は名詞、な形容詞の「だ」が落ちることに注意。「サリさんは元気だと思います／サリさんは元気でしょう」

●引用の「と」

《〜と思います》の「と」は引用の助詞で「言う／話す／書く／思う／考える／感じる etc.」の前に来てその動作の＜内容＞を示す。

●もう一つの「〜でしょう」

初級で教える「〜でしょう」は推測のほかに、「明日来るでしょう↑」「日本語はおもしろいでしょう↑」がある。これは「念を押す」あるいは「確認する」表現で、英語の「〜 ,isn't it? /〜 ,don't you? /〜 ,aren't you?」に当たる。

◎ ここがわからない！

■想定質問：「明日、キムさんは来ますと思います。」は、正しいですか？

【答え方】：いいえ。「〜と思います」の前は「普通形」ですから、「明日、キムさんは来ると思います。」が正しい言い方です。

ここまで、「丁寧体（「です・ます」）」中心できたため、「明日、キムさんは来ます＋と思います。」を導入すると、そのまま「明日、キムさんは来ますと思います。」のような文が産出されることになる。また、テンスが絡む場合は、例えば「キムさんは来ると思いました。」「キムさんは来たと思います。」「キムさんは来たと思いました。」は文意が異なることを認識した上で、慎重に文例を用意する要がある。＜ここに注意＞参照

◎ 学習者が誤りやすい点

①「きれいと思います。」「日本人と思います。」

会話では、「この花はきれいだ。」も「この花、きれい。」も共に可能であるが、特に「〜と 思います／言いました」の前では、名詞、な形容詞に接続する「だ」が脱落しないように注意する必要がある。この誤用は非常に頻繁に見られるが、ともすると見逃してしまいがちなので、練習の際に必ず確認する必要がある。

②「いいだと思います。」
脱落する「だ」がある一方で、「い形容詞」に不要な「だ」をつけてしまう誤りも非常に多い。この「だ」は耳障りなので、聞き逃すことはないだろう。こういった誤りをどの程度まで直すかは、教師の判断に任されるが、少なくともフォームや文の練習をしている間は煩わしくてもあえて直すべきである。

③「ジョンさんはリンさんが国へ帰ったと思います。」
「～と思います」は、一人称で用いる文型であるため、二人称や三人称では使えず、「～と思っています」を使うことに注意が必要である。＜ここに注意＞参照

④「先生、これ食べる？」
あり得る表現ではあるが、普通体の会話例は、親しい間柄（友人など）に限定して行う方がよい。それを考慮すると教師自身も学習者と「どこへ行ったの」とか「忘れた？」のように普通体での会話を行うことに疑問が出てくる。少なくとも教室内では丁寧体で話すけじめが必要だろう。

＜タスクの解答＞

Ⅰ＜動詞＞……辞書形（現在・肯定）、ない形（現在・否定）、た形（過去・肯定）、「～なかった」の形＊（過去・否定）
＊「なかった形」という呼称は一般的ではない。
＜い形容詞＞……「～い」、「～くない」、「～かった」、「～くなかった」
＜な形容詞＞＜名詞＞……「～だ」、「～では(じゃ)ない」、「～だった」、「～では(じゃ)なかった」

Ⅱ　①普通体　②書き言葉　③くだけた会話(②③順不同)　④～と思います　⑤～だろうと思います　⑥～でしょう　⑦～かもしれません　(④⑤⑥⑦順不同、その他「～とき」「～そうだ(伝聞)」「～ようだ」「～らしい」「～はずだ」)　⑧修飾

Ⅲ　①接続の形から……《～でしょう》の「～」は、名詞、な形容詞の「だ」が落ちる。
②使い方から……《～でしょう》は、より客観的で、自身のことについて「私は～でしょう」と言うことはまずない。

△▼　§17　連体修飾　▲▽

◎タスク

Ⅰ　例のように文に直しなさい。

例　読む 人　→（その）人が 読む。

a. 読む本　→ ＿＿＿＿＿＿＿＿＿＿

b. 読む時　→ ＿＿＿＿＿＿＿＿＿＿

c. 読む速さ　→ ＿＿＿＿＿＿＿＿＿＿

d. 読む意欲　→ ＿＿＿＿＿＿＿＿＿＿

Ⅱ　次の中で連体修飾の性質が他と異なるものを一つ選び、選んだ理由を述べなさい。

1　a. 昨夜読んだ本
　b. 子どもがかいた絵
　c. 昨日行った店
　d. あなたに言ったこと

理由

2　a. だれに相談する？ 相談する人がいないよ。
　b. 頭のよくなる薬がほしい。
　c. ゆうべ飲んだ酒はおいしかった。
　d. これを書いた人はドイツ人だ。

理由

Ⅲ　次の１～６は日本語の連体修飾節についてまとめている。（　　　）に入る適当な言葉を考えなさい。

1　連体修飾節の位置は、常に名詞の（①　　　　　）である。

2　連体修飾節の中では、（②　　　　　）は使われない。たとえば、「私が買いました車」は、話し言葉での例外を除けば、正しくない。

3　主体、主題の「（③　　　　　）」は「（④　　　　　）」に変わる。たとえば、「父は言ったこと」は正しくない。

4「（⑤　　　　　）」は「（⑥　　　　　）」に変わり得る。たとえば、「父の言ったこと」となる。

5「（⑦　　　　　）」は「（⑧　　　　　）」に変わり得る。たとえば、「めがねをかけた人」となる。

6　修飾節と名詞の関係には、二つの種類がある。たとえば、「かぜに効く薬」の修飾関係は「（⑨　　　　　）の関係」で、「頭のよくなる薬」の修飾関係は「（⑩　　　　　）の関係」である。

16-20

◎ 授業の手順

連体修飾

▼「にほんご90日」第30課

1　身近な物を取り上げて、名詞を修飾する文の例を示す。
2　口慣らしの練習をする。＜形の練習＞
3　連体修飾の使い方を基本的な文型で示す。

これは～です

《これは～です》の文型で、「～」に連体修飾を入れた例を示す。
　例：「これは図書館で借りた本です。」

AはBです

《AはBです》の文型で、Aに連体修飾を入れた例を示す。
　例：「図書館で借りた本は小説です。」

Aを～（し）ます

《Aを～（し）ます》の文型で、Aに連体修飾を入れた例を示す。
　例：「図書館で借りた本を返します。」

運用練習をする。＜文の練習＞

◎ 用法導入のアイデア

用意するもの：イラスト（ヤンさんがカメラを持っている、ヤンさんが店でカメラを買っている　＊「カメラ」は外せるようにする）

①「ヤンさんがカメラを持っている」イラストからカメラを外して、学習者に見せ、「これはカメラです。」と言う。フレーズカード「これはカメラです」（「これは」と「カメラです」とが切り離せるようにしておく）を貼る。

②「ヤンさんが店でカメラを買っている」イラストを示す。イラストからカメラのイラスト部分を外して、みんなに見せ、「ヤンさんはこのカメラを新宿で買いました。」と言う。フレーズカード「ヤンさんは新宿で買いました」を、「これは」と「カメラです」の間に差し込む。

③「買いました」の上に「買った」（文字の色を変えて強調する）を重ねて貼る。「は」の上に「が」（色を変えて強調）を貼る。

④カードを整える。「これはヤンさんが新宿で買ったカメラです。」＜ヤンさんが新宿で買った＞の部分を枠で囲んで強調する。枠内が「カメラ」を説明する文であると言い、動詞と助詞の変化に注目させる。

◎ ここに注意

●初級では基本的な連体修飾の文だけを示そう。

日本語の連体修飾は「外の関係」にまで発展すると、曖昧で説明しにくい用法が見られる。初級では「内の関係」のみ、「ガ格」、「ヲ格」、「二格」に限定すべきである。

●連体修飾は、構造的に理解することだけでもかなり難しい。しかし、大切なのは構文の理解ではなく、運用力をつけることなので、練習を多くしたい。しかし、パターン練習をしすぎて学習者を疲れさせてしまうことのないように注意。クイズやゲームを工夫しよう。

◎ ここがわからない！

■想定質問：「これは昨日買う本でした。」ですか、「これは昨日買った本です。」ですか？

【答え方】：　「これは昨日買った本です。」です。（板書しながら）二つの文「これは本です」「昨日買いました。」を一つにします。「これは、（昨日買いました　⟶　昨日買った）本です。」になります。

テンスに関係した質問であるが、元の文からの変換過程を正しく認識させることで間違いは避けられる。なお、その際には、「これは昨日買いました本です。」のように、「です・ます」のまま文を作らないよう注意が必要である。語順の問題に加えて、動詞の丁寧形を普通形に変えなければならないので二重の作業になる。学習者にとっては大きな負担となるので、理解の様子を見ながらゆっくりと文例で練習させたり、新しく産出させたりしたい。連体修飾のメカニズムについて「難しいでしょう」と言うより、「おもしろいでしょう」という導き方にするとよい。

◎ 学習者が誤りやすい点

①「あれは日本人じゃない人です。」

否定形が連体修飾節に来る場合は注意を要する。この例のように、一見文法的には正しそうな非文の例が、もっとも説明しにくい。「それは私が見なかった映画です。」「これはおもしろくない本です。」など可能な例もあるが、連体修飾の導入、練習の際には、否定形を避けたほうが無難である。しかし、それでも「あれは日本人じゃない人です。」のような文が出てきた場合には、説明をするよりも、「あの人は日本人じゃありません。」のほうがいい文です、と伝えたほうがよい。

②「私は、背が高かった子供です。」

形容詞は、その性質上、名詞修飾が基本となるため、テンスは文末に依存する。従って、この例の場合「私は、背が高い子供でした。」の方が適当である。動詞の場合と違って、形容詞はこの点をよく考慮した上で練習する必要があるだろう。

＜タスクの解答＞

Ⅰ　a.（その）本を読む　b（その）時に読む　c.（その）速さで読む　d.意欲をもって読む、読みたいと思って読む

Ⅱ　1　c　理由：a.（私が）本を読んだ　b.子どもが絵をかいた　c.（私が）昨日（その）店に行った　d.（私が）あなたに（その）ことを言った

　2　b　理由：a,c,dは「内の関係」　bは「外の関係」

Ⅲ　①前　②丁寧形　③は　④が　⑤が　⑥の　⑦ている　⑧た　⑨内　⑩外

△▼　§18　意向形　▲▽

◎タスク

Ⅰ　［　　］の中から適当なものを選びなさい。

話し言葉で用いられる意向形の用法には次の場合がある。たとえば「行こう」を例に取ると、

① 文の終わりで「行こう。」と言い切る場合。

a　イントネーションが上昇形のとき。
［自分の意志を自分自身に言う・相手を誘う］表現。

b　イントネーションが下昇形のとき。
［自分の意志を自分自身に言う・相手を誘う］表現。

②「行こうと 思います／思っています」となる場合

a「行こうと思います」は［話者・相手・第三者・話者または第三者］の意志を表す。

b「行こうと思っています」は［話者・相手・第三者・話者または第三者］の意志を表す。

Ⅱ　意向形の作り方を示しなさい。

____

____

Ⅲ　初級で教える意志の表現には、意向形のほかにどんなものがあるか。

____

◎ 授業の手順

意向形
▼「にほんご90日」第33課　文の形・形の練習・文の練習

1「～（よ）う」を使う普通体の誘いの形を示す。
2「～（よ）う」が「～ましょう」に対応する形だということを示す。
3 意向形の作り方を示し、練習をする。
4《～（よ）うと思います》の使い方を示す。
5《～（よ）うと思います》の使い方の練習をする。

◎ 用法導入のアイデア

1　意向形
用意するもの：イラスト（オフィス、人物）、会話のテープ（丁寧体のもの、普通体のもの）、会話全文のフレーズカード

①オフィスのイラストに、社員ＡＢのイラストを少し離して貼る。会話のテープを聞く。

テープ　社員Ａ：疲れましたね。もう帰りましょう。
　　　　社員Ｂ：ええ、そうしましょう。

②人物のイラストを近づけ、普通体のテープを聞いて、リピートさせる。「～ましょう」が「～（よ）う」になることを示す。「意向形」であることを示す。

テープ　社員Ｃ：疲れたね。もう帰ろう。（フレーズカードを貼る。リピートさせる。）
テープ　社員Ｄ：うん、そうしよう。（フレーズカードを貼る。リピートさせる。）

発展

用意するもの：ロールカード（立場：教師・学生・上司など、と「呼びかけ」の内容を書いたもの）
学生Aがカードを引いて、学生Bに意向形を使って言う。
カードの例：あなたは先生です。「これから試験を始める」と言ってください。
　学生Ａ：さあ、試験を始めよう。
　学生Ｂ：はい。

2　～（よ）うと思います
用意するもの：カレンダー

①カレンダーで夏休みを示し、学生に予定を聞く。学生が「北海道へ行きます」のように答えたら、それを板書し、そのうしろに「と思います」のフレーズカードを貼る。さらに、「行きます」の上に「行こう」のカードを貼って、意向形を使うことを示す。

②学生同士で予定（将来、来年、週末、今晩など）についてインタビューさせ、聞かれたら「意向形＋と思います」を使って答えさせる。

◎ ここに注意

●意向形の導入にインパクトを

学習者にとって意向形はなぜそんなに使いにくいのだろうか。実に定着しにくい表現形

である。導入はほとんど困難なくすむのに、定着しない。観察すると、学習者には「行こうと思います」の代わりに「行くと思います」「行くつもりです」を使う傾向がある。(「行くと思います」は誤用。＜ここがわからない＞参照)「行こうと思います」の存在感を強めるための練習をさせたい。たとえばペアワークでＡ「行こうよ、行こうよ」Ｂ「うん、行こうと思ってる」など、簡単でリズムがあり、調子よく進めるインパクトのある練習がいいのではないだろうか。

◎ ここがわからない！

■想定質問：「明日銀行へ行こうと思います。」は、「行くと思います。」と同じですか？

【答え方】：いいえ。「(普通形) と思います」は自分のことについて使うことができません。また、例えば「キムさんは明日銀行へ行こうと思います。」のように、「～ (よ) うと思います」は他の人のことについては使うことができません。

人称に関わる質問。既習の「(普通形) と思います。」(§16) 同様「思う」主体は一人称 (私) であるが、内容については、「(普通体) と思います」が三人称であるのに対し、「(意向形) と思います」は一人称であることに注意しなければならない。しかし、「(意向形) と思っています」になると、二・三人称のことも可能となる点をふまえ、よくコントロールされた文例を用いて導入、練習をする必要がある。
また、「～ (よ) うと思います」と「～つもりです」、「～予定です」の違いについての質問も多いが、確定度の高さによるものであるので、厳密に区別するのではなく、適当な例文の中で把握させるとよい。(例えば、チケットの有無などを基準として「来月国へ帰ろうと思います／帰るつもりです／帰る予定です」のニュアンスの違いを把握させるなど。)

◎ 学習者が誤りやすい点

①「これ、着ろう。」
「辞書形」から意向形を作るとき、Ⅰグループ「ラ行動詞」をⅡグループと間違えることで「～ろう」の誤用が起こる。たとえば、「切る」(Ⅰグループ) と「着る」(Ⅱグループ) は同じ姿だが、グループが違う。ただ、ⅠグループからⅡグループへの誤用、すなわち誤って「～よう」としてしまうことは少ないようである。

②「先生、一緒に行こう。」
普通体の会話同様、対人関係に注意する必要がある。＜§16 学習者が誤りやすい点④＞参照。教室外ではともかく、教室内では、学習者と年齢的に近い教師も一線を引いて丁寧体で話すようにしたい。親しみをこめて普通体をつかうのもいいが、逆効果になることも認識する必要がある。

＜タスクの解答＞

Ⅰ　①a相手を誘う　b自分の意志を自分自身に言う　②a話者　b話者または第三者

Ⅱ　グループⅠの動詞　1.「ます形」の「ます」をとる。　2.イ段のひらがなをオ段に変えて、「う」を加える。

Ⅲ　「～つもりです」

△▼　§19　比較表現・アドバイスの表現　▲▽

◎ タスク

Ⅰ　「A＞B」（AはBより大なり）を初級で教える比較表現で表すと、どんな文になるか。

____

____

Ⅱ　次の中で一つだけ比較の性格の異なる文はどれか。

1　a　弟は私より大きいです。
　b　父は前より元気です。
　c　このかばんはそのかばんより軽いです。
　d　この部屋は隣りの部屋より静かです。

2　a　主人はビールよりワインのほうがすきです。
　b　彼女は彼よりスペイン語が上手です。
　c　家内は私よりお酒をよく飲みます。
　d　大阪は京都より人口が多いです。

Ⅲ　次の下線の文が不適当なのはなぜか。

1　アンさんとリカさんと、どちらが背が高いですか。
　——リカさんがアンさんよりもっと背が高いです。

____

____

2　夏はソウルも暑いでしょう。
　——いいえ、ソウルは東京より暑くないです。

____

____

Ⅳ　（　　　）の中に適当な語を入れなさい。

忠告やアドバイスをするときの表現としては、「～ほうがいい」を教える。「ほうがいい」の前に来る動詞は、実際には二つの形、すなわち（①　　　　）形と（②　　　　）形が可能であるが、初級で初めて導入する際は、前者の（①　　　　）形のほうを提出するのが一般的である。しないように忠告する否定形の文では「ほうがいい」の前に（③　　　　）形が来る。

16-20

◎ 授業の手順

A、Ｂ二つの間の比較　▼「にほんご90日」第34課

1　二つの実物、絵などを比べて、文型を導入する。
　《ＡとＢと、どちらが～ですか》《Ａ／Ｂ　のほうが～です》
2　１の練習をして、口慣らしをさせる。＜形の練習＞
3　《ＡのほうがＢより～です》を示す。（１の《Ａ／Ｂ　のほうが～です》から導く。）
4　《ＡはＢより～です》を示す。（３の《ＡのほうがＢより～です》から導く。）
5　１，３，４の運用練習をする。＜文の練習＞

三つ以上の間の比較　▼「にほんご90日」第35課

1　《～で～がいちばん～です》二者の比較の場合と同じような方法で文型を導入する。
2　文が長いので、口慣らしの練習を十分にする。＜形の練習＞
3　運用練習をする。＜文の練習＞

アドバイスの表現　▼「にほんご90日」第45課

1　《～たほうがいいです》《～ないほうがいいです》の例を示して、使い方を紹介する。
2　口慣らしの練習をする。＜形の練習＞
3　運用練習をする。＜文の練習＞

◎ 用法導入のアイデア

1　比較

用意するもの：日本、中国、アメリカ、等の、人口、面積、物価などのデータを表す表やグラフ、世界地図（比較する国のイラスト）

①世界地図、面積を表す表やグラフを貼る。中国と日本のイラストを見せ、「日本と中国と、どちらが大きいですか。」と聞き、フレーズカード「～と～と、どちらが～か。」を貼る。「中国のほうが大きいです。中国のほうが日本より大きいです。」と言い、リピートさせる。フレーズカード「～のほうが～」「～のほうが～より～」を貼る。

②日本、中国、アメリカのイラストを貼って、大きさを比較する。「アメリカは日本より大きいです。中国はアメリカより大きいです。」と言い、リピートさせる。フレーズカード「～は～より～」を貼る。

発展

①３～４名のグループに分かれて、比べてみたいものを決める。
②どうやって調べるか相談する。
③調べて結果を表やグラフにまとめて、発表する。

2　アドバイスの表現

用意するもの：イラスト（熱がある人、病院、風呂、テニス、薬、寝る、たばこ、学校

など)、○×のカード

①熱がある人物のイラストを示し、「熱があります。頭が痛いです。どうしましょう。お風呂はいいですか。病院は？」と学生に問いかける。風呂、病院のイラストを貼り、学習者の意見を聞いて○×をつける。「病院へ行きます。いいです。病院へ行ったほうがいいです。」と言い、リピートさせる。

②フレーズカード「行きます」「いいです」を貼り、間に「ほうが」を入れる。「行きます」の上に「行った」のカードををのせて、「た形」を使うことを示す。

③同様に、テニスのイラスト(「×マーク」が掛かっている)を見せて、テニスはいいかどうか聞く。「テニスをしません。いいです。テニスをしないほうがいいです。」と言い、リピートさせる。フレーズカードを貼り、「しません」に「しない」をのせて、「ない形」であることを示す。

④イラストで示して、「学校へ行かないほうがいいです。」「たばこを吸わないほうがいいです。」等を言わせる。

◎ ここに注意

●文型を関連づけよう。

二者の間の比較では、疑問文の《ＡとＢと、どちらが～ですか》は別として、《Ａのほうが～です》《ＡのほうがＢより～です》《ＡはＢより～です》の３文は、基本的に同じシチュエーションで使える。３文型をバリエーションとして関連づけて示すのがいいだろう。

●助詞をどうする？

「～は」「～（ほう）が」は、このまま覚えさせよう。

●範囲の「～で」の扱い

《～で～がいちばん～です》の「～」には範囲を示す語「果物」「飲物」「スポーツ」「クラス」「日本／世界」などが入る。たとえば、上位語である「果物」を「りんごと、みかんと、バナナ」のように具体例にするのもわかりやすいが、冗長になったり、子どもっぽくなったりして、実際には使いにくい。

◎ ここがわからない！

■想定質問：「コーヒーと紅茶と日本茶と、どちらがいいですか。」は、いいですか？

【答え方】：いいえ。「どちらが～か」は２つのうちの１つを聞く言い方です。ですから、コーヒーと紅茶と日本茶」のように３つ以上の場合には、使えません。３つ以上の場合には、「どれ（何)」を使います。

「どちら」が二者について用いることを確認することでクリアーできる問題である。三者以上の対比をしたいのであれば、この場合、「コーヒーと紅茶と日本茶と（では)、どれがいいですか。」となる。実際のものを２つ示しながら、ロールプレイなどを用いて練習、定着を図るとよい。

◎ 学習者が誤りやすい点

①「中国より日本のほうが大きくないです。」
「～のほうが…ない」の形は特殊例を除いて用いない。このような文を学習者が発話したら、「中国より日本のほうが小さいです。」「日本より中国のほうが大きいです。」のほうが適切であることを示すとよい。

②「薬を飲むほうがいいですよ。」
「～たほうがいい」はなぜ「た形」か、現在のことだから「辞書形」でいいではないかという疑問は教師自身も持つかもしれない。「もっと野菜を食べるほうがいいよ」のように辞書形も使われるが、アドバイスの表現では非過去でもでも「～たほうがいい」と過去形になるのは、その動作が完了したことを想定して、それがいいと勧めるからである。「にほんご90日」では、「(動詞た形）た＋ほうがいいです」「(動詞ない形）ない＋ほうがいいです」のみを扱い、「(動詞辞書形）＋ほうがいいです」は取り上げていない。確かに、「辞書形」が可能な場合もあるが、汎用性を考慮して「た形」のほうを採用している。

③「この本はどうですか。－いい本ですから、読んだほうがいいです。」
この答え方は誤りではないが、「～いいです。」の言い切りは断定的で非礼な印象も与えかねないので、終助詞の「よ」を加えて練習したほうが適当だろう。

＜タスクの解答＞

Ⅰ　《ＡはＢより大きいです》
《ＡのほうがＢより大きいです／ＢよりＡのほうが大きいです》

Ⅱ　1　b　比較の対象が異なっている。a, c, d は二つの主体を比較しているが、b は一つの主体に関する二つの要素（今と前）を比較している。
2　a　比較の対象が異なっている。b, c, d は二つの主体を比較しているが、a は一つの主体に関する二つの要素（ビールとワイン）を比較している。

Ⅲ　1「もっと」は不要。問いが「どちらが……」であるから、「リカさんのほうが背が高いです」が適当。
2「より」を「ほど」に変える。二者の比較表現が否定文の場合、「より～ない」は不適当で「ほど～ない」が適当。ただし、実際の会話では、「今日は昨日より寒くないね。」などと言うことも少なくない。

Ⅳ　①た　②辞書　③ない

△▼　§20　変化の表現　▲▽
なる

◎ タスク

Ⅰ　（　　）の中に適当な語を入れなさい。

初級で「変化」の表現を学習するということは、すなわち動詞「(①　　　　)」の使い方を学習するということである。変化は、「雨が雪になる」のように《AがBなる》の文で表せるが、Bには、名詞のほか、(②　　　　)、(③　　　　)が使われる。②の接続形は「～（④　　　　）なる／～（⑤　　　　）なる」、③の接続形は「～（⑥　　　　）なる」、④の接続形は「～（⑦　　　　）なる」となる。《AがBなる》は、文全体で変化を表すが、文の各要素についてみると、Aは変わる前のもの、Bは変わった後、すなわち（⑧　　　　）である。

Ⅱ　次の１～５の文例と同様の使い方のものを、ａ～ｄより選びなさい。

1　彼は部長に失敗を指摘されて顔が青くなった。
2　ぼく、大きくなったらサッカーの選手がいいな。
3　日本に来て、今年で10年になります。
4　次はだれが首相になるのでしょうか。
5　夏休みに海外旅行へ行く計画がだめになった。

a　鍋が熱くなったら一度火を止めてください。
b　いくら年長者でも、彼はキャプテンにはなれないな。
c　彼は会社を首になった。
d　この薬を入れると、水道水は黄色になります。
e　ほら！　この新幹線のスピード、いま時速250キロになったよ。

1－（　　）
2－（　　）
3－（　　）
4－（　　）
5－（　　）

◎ 授業の手順

変化の表現　　▼「にほんご90日」第44課　文の形・形の練習・文の練習

〜くなる

《い形容詞＋なる》で表す変化の言い方を示す。

〜になる

《な形容詞＋なる》で表す変化の言い方を示す。

〜になる

《名詞＋なる》で表す変化の言い方を示す。

練習

口慣らしの練習をする。＜形の練習＞
運用の練習をする。＜文の練習＞

◎ 用法導入のアイデア

用意するもの：風船、インスタントコーヒー、さとう、湯、汚れているもの、
イラスト（病気で寝ている人、薬を飲む、元気な様子、子ども、大人）

①一人の学習者に風船を膨らましてもらう。だんだん大きくなるのに注目させる。「大きくなります。大きくなります。はい、大きくなりました。」と言い、フレーズカード「小さい→大きい：大きくなる」を貼り、い形容詞の「〜い」が「〜く」となることを示す。

②透明のコップに湯を入れ、インスタントコーヒーを入れる。
1. コーヒーの量を徐々に増やし、色が変化するのに注目させる。「こくなる」
2. 湯の量を増やす。「うすくなる」
3. コーヒーに砂糖を少しずつ入れていき、学習者に飲ませて、甘いかどうか聞く。「あまくなる」

③病気で寝ている、薬を飲む、元気な様子、３枚のイラストを順に貼り、「→」で変化を示す。「薬を飲みました。元気になりました。」と言い、フレーズカード「病気→元気：元気になりました」を貼って「な形容詞」は「〜に」になることを示す。

④ほこりのついたものを見せて、学習者に拭かせる。「きれいになる」

⑤早口ことばを言わせる。一定時間練習したら、一人の学生に「上手になりましたか」と聞き、言わせて見る。他の学生に「〇〇さんは上手になりました。」または「上手になりませんでした」と言わせる。

⑥子ども、大人のイラストを→でつなぎ、「大人になる」を示す。名詞は「〜に」になることを示す。

◎ ここに注意

● **「なります」より「なりました」**

「なりました」は必ずしも過去ではない。つまり過去に終わったことではない。「寒くなりましたね」というのは「寒いですね」という意味である。一方「なります」は、「子どもはすぐ大きくなります」のように一般的な変化、または、これから後、未来の変化を言う場合に用いられる。ある変化の結果である現在の状態を表すとき、「なりました」「なっています」が多い。しかし「なっています」は初級では扱われないことが多い。学習者には「なりました」の使い方に注意させる。「今日は暑いですね。暑くなりましたね。」「上手ですね。上手になりましたね。」というように2文を一緒に出すことで、「なりました」の使い方をわからせよう。

● **「ようになる」**

動作・行為の変化を表すには《動詞＋ようになる》を用いるが、この動詞は可能動詞（可能形）が使われることが多いので、可能動詞を学習してから教えたほうが効果的である。

◎ ここがわからない！

■**想定質問：「背が高くなったです。」はいいですか？**

【答え方】：「なる」は動詞ですから、「背が高くなりました。」です。

「い形容詞」の過去形として「～かったです」の形を導入した（§5）ためか、学習者は「くなりました」を「～くなったです」とすることがある。動詞「なる」だから過去形は「なりました」、と説明すれば問題はないはず。ただし、形は過去でも文意は過去ではなく、「現在の状態」であることに注意が必要である。＜ここに注意＞参照。

◎ 学習者が誤りやすい点

①「大きいになりました。」
い形容詞の「～く」は初出ではないが、なかなかスムーズには出てこない。「大きいになる」は「い形容詞」を「な形容詞」のように活用させてしまう誤用だが、逆のミスはほとんど見られない。「～くないです」に戻って復習し、「～くなります」に注意を向ける必要がある。

②「日本語の勉強はだんだん難しくなりました。」
一見、誤用ではないようであるが、「～なってきました」が適切な例。進行中の事項について表現する際には注意が必要である。「だんだん寒くなりました／暑くなりました。」も同様の誤用例である。進行中のことについては「～なります」を使う、という説明がわかりにくいようであれば、初めから文例をコントロールする必要があるだろう。

＜タスクの解答＞

Ⅰ　①なる　②形容詞　③動詞　④く　⑤に　⑥に　⑦ように　⑧結果

Ⅱ　1－d　2－a　3－e　4－b　5－c

△▼　§21　受給表現　▲▽

◎ タスク

Ⅰ　下は受給関係を図にしたものである。矢印は物や行為が動く方向を表し、下線は文の主体(主語)を表す。例のように（　　　）の中に動詞を入れなさい。文が成立しない場合は×を入れなさい。

例 Aさん→→→Bさん
（　あげる　）

1　Aさん←←←Bさん
（①　　　　）

2　わたし→→→Xさん
（②　　　　）

3　わたし←←←Xさん
（③　　　　）

4　Xさん→→→わたし
（④　　　　）

5　Xさん←←←わたし
（⑤　　　　）

Ⅱ　上の図で、間違えやすく学習者にとってわかりにくいのはどれか。

____

Ⅲ　次の図を見ながら、下の文の（　　　）に適当な語を考えて入れなさい。

	親切な行為 ‖ 1 空港まで送った		
わたし　→→→	2 辞書を貸した	→→→	Xさん
	3（Xさんの）荷物を持った		

上の図は「わたし」が「Xさん」に親切な行為をしたということを表す。いわゆる「行為の受給」を表す文は「物の受給」の文よりずっと複雑になる。単に名詞を動詞て形に置き換えればいいというわけではない。行為を表す（①　　　　　）の性質と使われ方によって文の構造が変わり、助詞も変わる。上の1を文にすると、「わたしはXさんを空港まで送ってあげました」となる。ところが2は「(②　　　　　　　　　　　　　　　　　　　)」、3は「(③　　　　　　　　　　　　　　　　　)」となり、「Xさん」の後に来る(④　　　　　)が三つの場合で全部ちがうということになる。

◎ 授業の手順

物の受給

▼「にほんご90日」第36課、第37課

1《AはBに～を あげます》の使い方を実物を使って示す。
2 Aを「私」に変えて《私はBに～を あげます》の文で実物を使って練習させる。
3《BはAに～をもらいます》の使い方を1に関連づけて示す。Bを「私」に変えて《私はAに～をもらいます》の練習をする。
4 1と3を一緒にした練習を実物を使って、ペアで実演させながら練習する。
5《Aは私に～をくれます》の使い方を示す。
6 5と《私はAに～をもらいました》を関連づける。使い方の練習をする。

行為の受給

▼「にほんご90日」第48課、第49課

1「～てあげます」
《AはBを～てあげます》**例**：田中さんはリンさんを空港まで送ってあげました。
の使い方を示し、練習する。
《AはBに～を～てあげます》**例**：田中さんはリンさんに辞書を貸してあげました。
の使い方を示し、練習する。
《AはBの～を～てあげます》**例**：田中さんはリンさんの荷物を持ってあげました。
の使い方を示し、練習する。
2 1の3文型を混合して、絵で示した場面を見て文が言えるように練習する。
3「～てもらいます」
《AはBに～てもらいます》**例**：リンさんは田中さんに空港まで送ってもらいました。
の使い方を示し、練習する。
《AはBに～をてもらいます》**例**：リンさんは田中さんに辞書を貸してもらいました。
の使い方を示し、練習する。
4「～てくれます」
《～は私を～てくれます》**例**：田中さんは私を空港まで送ってくれました。
の使い方を示し、練習する。
《～は私に～を～てくれます》**例**：田中さんは私に辞書を貸してくれました。
の使い方を示し、練習する。
《～は(私の)～を～てくれます》**例**：田中さんは（私の）荷物を持ってくれました。
の使い方を示し、練習する。
5 4、5を混合して、絵で示した場面を見て文が言えるように練習する。

◎ 用法導入のアイデア

1　物の受給

用意するもの：レアリア（キャンディー、ガム、など手渡せる物）

①実際にキャンディーを学習者Aにあげる。教師は「どうぞ」といい、もらった学習者は「ありがとう」と言う。「どうぞ」が「あげる」で、「ありがとう」が「もらう」だと示す。教師は「私はあげました。」と言い、学生に「私はもらいました。」と言わせ

る。さらに、教師は「私はAさんにキャンディーをあげました。」と言い、学生に「私は先生にキャンディーをもらいました。」と言わせる。

②各学生にキャンディーを2個与え、1個をとなりの学生に「どうぞ」と言ってあげるように指示する。もらった学生に「ありがとう」と言わせ、さらに、「私は○○さんにキャンディーをもらいました。」と言わせる。

③さらに、教師は、もらった学生に「○○さんは？」と聞く。学生が「○○さんは私にキャンディーをあげました。」と言ったら、×のマークを出す。フレーズカード「○○さんは私に～をあげました。」の「あげました」に×をつけて、「あげました」をとり、「くれました」を貼る。「私に」の場合は「くれました」になることを示す。

2 行為の受給

①教師は「暑いですね。××さん、すみませんが、窓を開けてください。」と言って、××に窓を開けさせる。そして、「ありがとう。私はAさんにもらいました。何をもらいましたか。」と問いかける。

②フレーズカード「窓を開けます」を「もらいました」の前に貼り、「開けます」の上に「開けて」を重ねて貼り、動詞が「て形」になることを示す。

③一人の学生に「～てください」と言って他の学生に依頼させ、他の学生がしてくれたら「ありがとう。」と言わせる。そして、「私は××さんに～てもらいました」と言わせる。同様のことを順にやらせていく。

◎ ここに注意

●「ありがとう」と言う人は？

受給関係は方向性をしっかり把握しないと混乱してわからなくなる。矢印などで図解するのもいいが、実感的に把握させるには、実演をしたりさせたりしながら、物を受け取った人、行為を受け取った人に「ありがとう」を言わせよう。また、教科書の文例や練習の文にあたるときにも、いちいち、だれが「ありがとう」と言ったかを学習者に確認しよう。

●物が動く方向と文の主体がポイント

受給表現はわかりにくくてまぎらわしいので、まちがいが多い。物の動く方向性が重要であることももちろんだが、同じこと、同じ事実でも主体が逆になると動詞も変わってしまうことがポイントである。「あげる＝give」と覚えた学習者が「彼は私にプレゼントをあげました」というような誤りをすることが多い。文の主体が何であるかを常に意識させよう。

●「さしあげる」「いただく」「くださる」の扱い方

相手が目上やあまり親しくない人の場合に用いる「さしあげる」「いただく」「くださる」も、学習者の負担を考慮して「あげる」「もらう」「くれる」とは別に扱うほうがいい。

●「行為の受給」は構文が複雑

「行為の受給」では、単純に「物の受給」の「物＝名詞」を「行為＝動詞て形」に変えればいいというわけにはいかない。行為を表す動詞によって文の構造が変わり、それに合わせて助詞も変わるのだからやっかいだ。学習者には、用例文や練習の文ごとに「だれが何をしたか、その結果だれが喜んだか、親切な人はだれか、『ありがとう』と言ったのはだれか」という質問をして、行われた受給の事実関係が把握できているかを確認するのが大切で、構文の把握についてはこだわりすぎないほうがいい。

◎ ここがわからない！

■想定質問：「私は弟に本をやる」は、いいですか？

【答え方】：はい。家族や親しい友達の時には、「やる」を使うこともできます。

この質問は、「あげる・もらう・くれる」を学習する時点（「にほんご90日　第36～37課）において、既に先を予習しているか、何か他のテキストや参考書で勉強している学習者から出てくる可能性が高いものである。「にほんご90日」では、「やる」を「～てあげる」の課（第48課）で扱っている。それは、「あげる」の汎用性を考慮したためと、人と人の間の物の受給を中心にしたためである。すなわち、「ＡがＢにＣをあげる・もらう」「Ｂが私にＣをくれる」となる文型で、「Ａ、Ｂ」を「人」、「Ｃ」を「事」の場合に限定することによって、教室内での導入、練習のしやすさを意図しているのである。従って、このような質問が出た場合には、第36～37課の時点であればオプション的な扱いに留め、第48課で練習する旨を伝えた方がいいだろう。新規事項の“導入のしすぎ”に気をつけたい。

「あげる」の代わりに「やる」を用いる場合は、本来は相手が目下、動物などのときであるが、近年「犬にごはんをあげる」や、「子どもにおやつをあげる」のように「やる」のかわりに美化語の「あげる」が広く使われる傾向も見られるため、「やる」の扱いには一考を要する。

◎ 学習者が誤りやすい点

①「リンさんは私にCDをもらいました。」

「私にもらう」という文は存在しないことを確認する。また「私にあげる」、「私がくれる」も存在しないことも、誤用の際に確認しておこう。

②「あなたはリンさんにCDをあげました。」

「あげる・もらう・くれる」の文型において、二人称を質問文以外に用いるのは、場面が限定されるため、ここでは扱わない。話し手が聞き手の行為を言及すること自体が特殊な状況であることを踏まえ、こうした文例が出ないようコントロールすることが大切である。

③「兄は私の本を買ってくれます。」

“私が持っていた本を、私にお金を払って兄が買った”という文意ではないとすると、「兄は私に本を買ってくれます。」の誤用だろう。「あげる・もらう・くれる・やる」、「～てあげる・～てもらう・～てくれる・～てやる」それぞれ、助詞の使い方に十分留意が必要である。

＜タスクの解答＞

Ⅰ　①もらう　②あげる　③もらう　④くれる　⑤×

Ⅱ　4と5　(4「私にあげる」は×、5「私にもらう」は×)

Ⅲ　①動詞　②わたしはXさんに辞書を貸してあげました　③わたしはXさんの荷物を持ってあげました　④助詞

△▼　§22　～てみる・～ておく・～て～しまう　▲▽

◎タスク

Ⅰ　下の文の（　　　）に入る適当な語を入れなさい。

「～てみる」の「みる」は普通ひらがなで表記される。なぜならこの「みる」は本動詞ではなく（①　　　　　）だからである。「～てみる」は「(②　　　　　)」という意味をもつ。たとえば、「もう一度やろう」と「もう一度やってみよう」の違いからもわかるように「～てみる」を使うと、「どうかな？」「いいかどうかわからないが……」というような話者の気持ちが感じられる。

Ⅱ　次の文の中で用法の異なる文を一つ選べ。

1「ておく」の用法
a 会議の前に資料をコピーしておいてください。
b このドアは開けっぱなしにしておいてください。
c 予約は必ずしておいてください。
d 午後は忙しくなります。早めに食事をしておいてください。

2「てしまう」の用法
a 早く全部やってしまいなさい。
b もう終わりまで読んでしまったんですか。
c 終バスはもう出てしまいましたよ。
d 企画書は今日中に作ってしまおう。

◎ 授業の手順

て みる

▼「にほんご90日」第35課

1 《～てみます》の使い方を示す。
2 形の練習で口慣らしをし、次に運用練習をする。

て おく

▼「にほんご90日」第38課

1 《～ておきます》の使い方を示す。
2 形の練習で口慣らしをし、次に運用練習をする。

て しまう

▼「にほんご90日」第50課

1 《～てしまいました》［完了］の使い方を示す。
2 口慣らしの練習をする。＜形の練習＞
3 運用練習をする。＜文の練習＞
4 《～てしまいました》［残念］の使い方を示す。
5 口慣らしの練習をする。＜形の練習＞
6 運用練習をする。＜文の練習＞

◎ 用法導入のアイデア

1　てみる

用意するもの：黄色いジュース（オレンジジュースではないもの）

①黄色いジュースを見せて、学生に何ジュースか聞く。学生が「オレンジジュース」だと答えたら、「違う」と言い、「飲んでみてください」と言って、飲ませる。

②その他、学生が知らない食べ物や音楽、大きさのわからない靴や衣類などで、「食べてみます」「聞いてみます」「履いてみます」「着てみます」を言わせる。

③「て形＋みます」となることに注目させる。

2　ておく

用意するもの：イラスト（掃除をする、ケーキを買う、ビールを冷やす、など）

①「友達が来るまえに、何をしますか。」と問いかける。イラストを見せて、「掃除をしておきます。」「ケーキを買っておきます」「ビールを冷やしておきます」と言い、リピートさせる。「て形＋おきます」となることに注目させる。

発展

試験のまえに何をしておきますか。
旅行のまえに何をしておきますか。

3　てしまう

用意するもの：ジュース、携帯電話

1「完了」の用法

①ジュースを一口飲んで、「ジュースを少し飲みました。おいしい！」と言い、全部飲んでから、「全部飲みました。もうありません。飲んでしまいました。」と言って、中身が空であることを示す。そして、「飲んでしまいました。」と言う。

②フレーズカードで示す。「て形＋しまいます」となることに注目させる。

2「残念」の用法

①「私の携帯電話の番号は、０９０のええっと？？　あれ、忘れました」と失望した顔をする。そして、「忘れてしまいました。」と言う。

②フレーズカードで示し、「て形＋しまいました」となることに注目させる。

発展

「私の失敗発表」：

自分の失敗を絵に書かせる。その絵を見せながらみんなにどんな失敗だったかを言う。

◎ ここに注意

●補助動詞は切らない。

「てみる」「ておく」「てしまう」の「みる」「おく」「しまう」は本動詞ではなく、補助動詞と呼ばれる。本動詞なら「～て、見る」のように表記されるが、補助動詞はひらがなで、「て」の後に「、」がない。切らずに続けて言えるように練習で指導しよう。

●使い方の紹介にインパクトを。

補助動詞の役割は、本動詞の表す動作にある意味合いを加える、文字通り補助的なものである。わざわざ使わなくても本動詞だけでコミュニケーションできると思うのか、「てみる」「ておく」「てしまう」は、教えてもなかなか使ってもらえない表現型である。「さいふを落としました」と「さいふを落としてしまいました」はどこが違うかを理解させ、違いを印象づけるためには、最初の使い方の示し方にインパクトが必要。「てみる」などは、日本人の使い方を見ると逆に使いすぎるような傾向もあるが、それだけよく使われるということで、学習者が正しく使えば、自然で洗練された日本語という印象を与える。学習者が使いたくなるような、いきいきした場面を設定して、運用練習を十分にさせよう。

◎ ここがわからない！

■想定質問：「宿題をよくやってしまいました。」は、正しくないですか？

【答え方】：「よく」と「～てしまいました」は一緒に使いません。ですから、「宿題をやってしまいました。」か、「宿題をちゃんとやりました。」と言います。

共起する副詞に関する質問である。「もう」「ぜんぶ」などは共起するが、「まだ・よく・少し・ちょっと」などは共起しないことに注意する必要がある。(「少し・ちょっと」は共起する場合もあるが、場面設定が複雑になるので避けた方がよい)「よく」に近いのは「ちゃんと」だろうか。このような質問を受けた場合は、発話者の言いたいことを確認した上で、訂正することが大切である。

◎ 学習者が誤りやすい点

①「そこに置いてください。」

「ておく」のニュアンスは把握されにくい。「ておく」には「そのまま同じ状態を続ける」意もある。上の例も、日本語のネイティブスピーカーであれば、「そこに置いておいてください。」と言うような場面で出てくる可能性がある。にほんご90日では、「ておく」を、「～前に」や「～から」とともに使う「準備」の意味の文型で提示してある。「同じ状態を続ける」意の用法は一段と難しいが、学習者に余力があれば、押さえておきたい。

②「野菜をなるべく食べてみます。」

「～てみる」「to try」と理解する学習者にある誤用。「～ように努める／努力する」の意で「～てみます」を使われてしまうことがあるので注意が必要である。「～てみる」の英訳を与えるのなら、「to try」の一語で片づけず、「～してどうなるかをみる」(do and see what will happen) と、ていねいに説明しないと、このような誤りを招く。

＜タスクの解答＞

Ⅰ　①補助動詞　②試す／試しにする

Ⅱ　1　b（そのまま同じ状態を続ける意。　a,c,d はあらかじめ準備する意）

　2　c（意に反したことに対する残念な気持ちを表す。　a,b,d は完了を表す）

△▼ §23 〜ている・〜てある／自動詞・他動詞 ▲▽

◎ タスク

I 適当な語を下から選んで（　　）に入れなさい。

動作、動作主、動作主の存在、状態、変化、完了、動詞、自動詞、他動詞 瞬間動詞、結果動詞、いる、ある、行った、開いた、開いている、開けてある

「ドアが開いている」と「ドアが開けてある」の二つを絵で示すなら、どちらも同一の絵になる。しかし、この二文には絵で示され得ない違いがある。「開いている」も「開けてある」も、ドアの（①　　　　）を示すことに変わりはない。しかし、前者が表すのはドアの（①　　　　）だけであるのに対して、後者には（②　　　　）が感知される。つまり「てある」は、前にだれかが（③　　　　）後の状態なのである。この違いは、次のように文を補ってみるといっそう明らかになる。

◇風が入るように、ドアが（④　　　　）。

◇あ、ドアが（⑤　　　　）よ。閉めて。

「〜が〜ている」と「〜が〜てある」のこの違いは、動詞の違い、すなわち（⑥　　　　）と（⑦　　　　）の違いにもかかわっている。「てある」の前には（⑧　　　　）がくるということは、その動作をたぶん何らかの意図で行った（⑨　　　　）を暗示するサインである。

II 下は日本語の自動詞と他動詞の基本的な違いについてのメモである。［　　］の中から適当なものを選びなさい。

1 自動詞の形と他動詞の形は大まかな対応の規則が［ある／ない］。
2 対応の規則は［一つしかない／いくつかのパターンがある］。
3 自動詞の動作の主体は［人／物／人あるいは物］である。
4 他動詞の動作の主体は［人／物／人あるいは物］である。
5 自動詞には動作の対象が［ある／ない］。
6 自動詞には動作の対象が［ある／ない］。
7 例外を除き、自動詞の文には［が／を］が現れない。

◎ 授業の手順

ている・てある　▼「にほんご90日」第39課

1 《～が～ています》の例を示し、使い方を紹介する。
2 《～が～ています》の口慣らしをする。＜形の練習＞
3 《～が～てあります》の例を示し、使い方を紹介する。
4 口慣らしの練習をする。＜形の練習＞
5 運用練習をする。＜文の練習＞

自動詞・他動詞　▼「にほんご90日」第40課

1 自動詞・他動詞の違いを例を示しながら理解させる。
2 自動詞文から《～が～ています》を作る練習をする。＜形の練習＞
3 他動詞文から《～が～てあります》を作る練習をする。＜形の練習＞
4 運用練習をする。絵を見て状況を「ている」と「てある」を使って言う。＜文の練習＞

◎ 用法導入のアイデア

用意するもの：レアリア（ろうそく〈長・短〉、ドミノ、ひも〈毛糸、たこ糸〉、手品のビデオ、ゴルフボールとクラブ）、イラスト（風呂に入る、子どもを風呂に入れる、つり橋が切れる）

①短いろうそくに火をつけて、炎を見る。そのままにしておいて、火が消えたら、「あっ、消えました。消えてしまいました。」と言う。つぎに、もう1本に火をつけて、今度は吹き消す。「消しました」と言う。
語彙カードを貼り、「自動詞」「他動詞」ということを示す。
同様の例をいくつかやってみせる。

・自動ドア、エレベーターのドア：ドアの前で待っている［開く・閉まる］
　普通のドア：手で［開ける・閉める］
・ドミノを並べる：［倒れる］／手で倒す［倒す］
・風船：ふくらませ続ける［割れる］／針で［割る］
・つり橋のイラスト：大勢乗る［切れる］／ナイフで［切る］
・手品のビデオ：人が［消える］、板書の字を［消す］
　鳩が［出る］／手で鳩を［出す］
・背・髪の毛を引っ張ってみる。［伸びる・伸びない］／ゴムを引っ張る［伸ばす］
・風呂のイラスト：自分がお風呂に［入る］・子どもをお風呂に［入れる］
・ゴルフのボール：ホールに［入る・入らない］／手で［入れる］

②そのままになっているろうそく、ドミノなどをさして、ろうそくが今どうか問いかける。学生が「消えました。」「倒れました」と答えたら、「今消えています」「今倒れています」と言ってリピートさせる。

◎ ここに注意

●口で覚える。

「ている・てある」は、中・上級になっても使えない学習者が多い。自動詞・他動詞との関係は理解できても、口が動かなかったり、まちがえてしまう。ましてや初めての学習で、運用までできるようになることを期待するのは無理と心得よう。文法を正しくしようと思うと、口がまわらなくなる。《～が～ています》のほうだけでもいい。そして動詞は「開く」「閉まる」「つく」「消える」「こわれる」「入る」など、いくつかにしぼって、文全体を口で覚えるように指導しよう。

◎ ここがわからない！

■想定質問：「電気がついています」と「電気がつけてあります」の違いは何ですか？

【答え方】：「電気がついています」は、「電気<u>が</u>つきます＋ています」、
「電気がつけてあります」は「電気<u>を</u>つけます＋てあります」です。
「教室にだれもいません」、でも「<u>電気がついています</u>」。どうしてでしょう…。わかりません。
「電気がつけてあります」…「これから勉強しますから」

「電気がついています」と「電気がつけてあります」のちがいを示すことは非常に難しいが、その状況に至った過程の差を理解させるとよい（「にほんご90日」Ⅱ p.64参照）。そのうえで、どのような文意で用いるか、例の答え方のように、前に「状況」を表す文と、「理由」を表す文をつけることにより使い方を練習するのがいいだろう。なお、学習者によっては、「自動詞・他動詞」という用語を用いてもよいが、学習者の母語とその概念が違う場合には注意が必要である。

◎ 学習者が誤りやすい点

①自動詞と他動詞の混同

自動詞・他動詞は形が似ているものも多いために非常に混同しやすい。絵などの補助手段を用いて、時間をかけて練習したい。この機会に完全マスターができなかった学習者は、以後、上級になるまで同じミスを引きずる可能性があるので注意が必要である。といっても短い時間でマスターできる内容ではないことも認識しておく必要がある。

②「りんごをおいてあります。」

助詞を「が」に変換すべきところを、そのまま「を」を用いてしまった例である。「〜ておきます」同様、「準備」の意味の時には「を」用いるが、それも導入すると、混乱を招く恐れがあるので、「にほんご90日」では「を」格の例を扱っていない。例文をコントロールして、「〜てあります」「〜ておきます」は区別して定着を図ったほうがいいだろう。

<タスクの解答>

Ⅰ ①状態　②動作主の存在　③行った　④開けてある　⑤開いている　⑥⑦自動詞、他動詞　⑧他動詞　⑨動作主の存在

Ⅱ 1 ある　2 いくつかのパターンがある　3 人あるいは物　4 人　5 ない　6 ある　7 を

△▼ §24 〜んです ▲▽

◎ タスク

Ⅰ 次の中で「んです」の用法が他と異なる文はどれか。またその用法の異なる点はどんなことか。

1 a コピーを取りたいんですが、どこへ行けばいいでしょうか。
b この言葉の意味がよくわからないんです。教えてください。
c 遅れてすみません。電車の事故があったんです。

____

____

2 a このケーキ、とってもおいしいんですよ。
b 金がないんだ。だから行かないよ。
c 店がどこも休みなんだ。まいったね。

____

____

Ⅱ ｛　　　｝の中のどちらが適当か。

1 会社の同僚が青い顔をして、机に突っ伏している。
山田：田中さん、①｛a どうしましたか・b どうしたんですか｝。
田中：ああ、②｛a 頭が痛いです・b 頭が痛いんです｝。

①（　　　）理由：______________________________

②（　　　）理由：______________________________

2 病院で。診察に来た患者さんに
医者：①｛a どうしましたか・b どうしたんですか｝
患者：②｛a 頭が痛いです・b 頭が痛いんです｝

①（　　　）理由：______________________________

②（　　　）理由：______________________________

Ⅲ 次の文を読んで、下線の部分について考えなさい。

はじめまして。私は、今年の4月に韓国から①<u>来たんです</u>。名前は、キムミンヨン②<u>なんです</u>。日本の大学へ③<u>行きたいんですから</u>、日本へ来ました。

①【適当・不適当→________】理由：______________________________

②【適当・不適当→________】理由：______________________________

③【適当・不適当→________】理由：______________________________

◎ 授業の手順

んです

▼「にほんご90日」第41課

1 《んです》の例をいくつか出して、使い方を示す。
2 《んです》の前に普通形が来ることを示し、［普通形＋んです］の練習をする。
3 《んです》の動詞文、形容詞文、名詞文の口慣らし練習をする。＜形の練習＞
4 《どうして～んですか》の使い方を示す。
5 《……んですが、》の使い方を示す。
6 ペアのＱＡなどで運用練習をする。＜文の練習＞

◎ 用法導入のアイデア

用意するもの：ビデオ（①②のビデオを作る）、会話全文のフレーズカード

①ビデオ：警官は手帳をもって、市民に、名前、住所、年齢を聞く。市民は答える。

警官　名前は？
市民　リチャードです。
警官　何歳ですか。
市民　26歳です。

②ビデオ：事件現場で、警官が調べている。そこに男が入ってくる。

警官　この女性はだれだろう？
男　　名前は田中ゆり、30歳です。この部屋に住んでいます。
警官　どうして知っているんですか。
男　　私の妻なんです。殺したのは、青いセーターを着た男です。
警官　見たんですか。
男　　いいえ。
警官　どうしてわかるんですか。
男　　私が殺したんです。

会話全文のフレーズカードで「～んです」を確認する。①と②のちがいを気づかせる。

③一人の学生Aを前に立たせる。その学生に対して、他の学生がそれぞれ「Aさん、どうして～んですか。」と聞く。学生Aは、「～んです」で答える。

◎ ここに注意

● **「んです」を使わない人、使いすぎる人**

適切に使えば会話がとても自然になるのに、使おうとしない学習者が多い。コミュニケーション上は使わなくてもすむからだろうか。一方で、使いすぎが耳に目につく。前提がない状況（相手が知らない、聞いていない）で、突然「私は明日来ないんですから」などと言う。「～んですから」は、前提がある場合ならいいが、前提なしで使わないように指導しよう。＜ここがわからない！＞参照

●「どうして」のQ＆A
「んです」を適切に使うのはとても難しいが、少なくとも、「どうして～んですか」「～んです」の形で使えるように指導しよう。

●背景の事情を説明する
「どうして」のQ＆Aでの「んです」がマスターできたら、次に「……んですが、」も使えるようにすると、会話が自然で洗練されたものになる。

●「～なんです」
「んです」の前には普通形が来るが、な形容詞と名詞の前では「だ」ではなく「な」んですとなるので注意。

◎ ここがわからない！

■想定質問：「電車が遅れたんですから、遅刻しました。」は、おかしいですか？

【答え方】：はい。相手に理由を初めて言うとき「～んです」は使えません。この場合は、「電車が遅れたので、遅刻しました。」「電車が遅れましたから、（遅刻しました）。」がいいですね。相手がそのことを前に聞いて知っている場合なら「んですから」が使えます。

○「（あなたも知っているように）私は貧乏です。お金がないんですから、そんな高い物は買えませんよ。」
○こんなにお金があるんですから、買えます。（相手はお金があることを見て承知している）＜ここに注意＞参照

◎ 学習者が誤りやすい点

①「駅へ行きたいですが、……」
上の想定質問の例とは逆に「～んです」を用いた方がいい場合に、脱落してしまう例である。特に、依頼の表現で「～んですが、……」を用いる際の練習は、運用できるまで十分にしたほうがよい。＜ここに注意＞参照

②「ないんです」の発音（低高低低低）
韓国語や中国語を母語とする学習者に見られる発音である。「い」が強調されることのないよう、頭高の「高低低低低」のアクセントを意識して練習した方がよい。
まず「ない」（高低）から、しっかり練習し直す必要があるだろう。

＜タスクの解答＞
Ⅰ 1 c（理由　a, b は背景の事情の説明）
　2 b（理由または背景の事情の説明　a, c は強く言いたい気持ち）
Ⅱ 1 ①（b）理由：山田さんは田中さんの異常な様子の理由を聞きたいと思っている。
　　②（b）理由：田中さんは山田さんに理由を説明したいと思っている。
　2 ①（a）理由：医者は職務として病状を質問している。とりたてて理由を説明して欲しいという意図はない。
　　②（b）理由：患者のほうは病状を説明して適切な処置を受けたいという意図がある。
Ⅲ　①【不適当→来ました】理由：挨拶なので、特に強く説明する意図はない。②【不適当→です】理由：同上
　③【不適当→行きたいので、行きたくて】理由：前提がない状況で「んです」は使わないし、「から」には理由を強調する気持があるため、単なる経緯を述べるには不適当。

△▼　§25　～たら・～ても／～ので・～のに　▲▽

◎ タスク

Ⅰ　仮定条件の「たら」を含む文に○をつけなさい。

(　　) a　きらいだったら、食べなくてもいいよ。
(　　) b　箱を開けたら、古い写真が出てきた。
(　　) c　切符が取れなかったら車で行くしかない。
(　　) d　来年退職したら、外国で暮らすつもりです。
(　　) e　この本が難しかったら、そっちの本を読むといい。
(　　) f　病院へ行ったら、なんでもないと言われた。
(　　) g　わからないことがあったら、何でも聞いてください。
(　　) h　結婚したら、太ってしまった。

Ⅱ「のに」の用法がほかと異なるものを一つ選びなさい。

a　北海道へ行くのに、フェリーを利用した。
b　北海道へ行ったのに、ラーメンを食べなかった。
c　新しい靴を買ったのに、一度もはいていない。
d　新しい靴なのに、もう修理に出さなければならない。

Ⅲ　次の文を自然な文に直しなさい。

1　危険なので、さわらないでください。
2　おなかがすいたので、何か食べよう。
3　もう遅いので、早く寝なさい。

1 ____________________
2 ____________________
3 ____________________

◎ 授業の手順

たら・ても

▼「にほんご90日」第42課

1 「たら」の使い方の例を示す。
2 「たら」の形の作り方を示す。
3 「ても」の使い方の例を示す。
4 「ても」の形の作り方を示す。
5 「たら」と「ても」の口慣らし練習をする。＜形の練習＞
6 「たら」と「ても」の文例を対照させて、ちがいを理解させる。
7 運用練習をする。

ので・のに

▼「にほんご90日」第43課

1 「ので」の使い方の例を示す。
2 「のに」の使い方の例を示す。
3 接続形が普通形であることを示す。
4 前件と後件を「ので」「のに」で結合する練習をする。＜形の練習＞
5 「ので」と「のに」の文例を対照させて、ちがいを理解させる。
6 運用練習をする。＜文の練習＞

◎ 用法導入のアイデア

用意するもの：イラスト（ごちそうを食べているところ、太った人、やせている人、晴れ、雨、テニス、お金がある、お金がない、指輪、かさをさして歩いている人、かさをささずに歩いている人）

1　たら、ても

①ごちそうを食べている人のイラストを見せて、「毎日たくさん食べます。」と言い、ジェスチャーで太る様子を表し、太った人のイラストを出す。

②フレーズカードで「たくさん食べます。→太ります。」と示し、「食べます」のところを「食べたら」に変えて、「たくさん食べたら、太ります。」と言うことを示す。

③やせた人のイラストを出し、「この人もたくさん食べます。でも、太りません。」と言う。フレーズカード「たくさん食べます。でも、太りません。」の「食べます。でも」のところを「食べても」に変える。「たくさん食べても、太りません。」となることを示す。

④他のイラストなどを示しながら、「〜たら」「〜ても」の後を学生に言わせる。
例・お手玉　教師「練習したら、？」学生「練習したら、できます。」
　　　　　　教師「練習しても、？」学生「練習しても、できません。」

2　ので、のに

①雨が降っているイラストにかさをさしている人とさしていない人のイラストを貼る。

「この人は、どうしてかさをさしていますか。」と問いかけ、「雨が降っています」の答えを聞いたら、「雨が降っているので、かさをさしています。」と言う。かさを指していない人をさして、「でも、こちらの人はかさをさしていません。雨が降っているのに、かさをさしていません。」と言う。「～ので、～」のときは納得した表情で言い、「～のに、～」のときは納得できない表情をする。

②他のイラスト示しながら、「～ので」「～のに」の後を学生に作らせる。

◎ ここに注意

●ウォーミングアップとしての「たら・ても」

「条件の表現」としては、「たら」のほかに「ば」「なら」「と」を教えるが、これを一通り学習することは学習者にとって負担が重い。スタートとしては、まず「たら」を「ても」と一緒に学習することで「条件」の言い方になじませるのが一つの効果的な方法である。

●想定か事実か

「たら・ても」と「ので・のに」の間の関係には「たら」「ので」を使う文は順接、「ので」「のに」を使う文は逆接ということで共通する部分もある。しかし、両者は当然ながら同じではない。「たら・ても」は事実（確定条件）のほかに仮定条件の表現で、頭の中で起こる想定する場合にも用いられるのに反し、「ので・のに」は確定のこと、すなわち事実の因果関係のみに用いられる。

21
-
25

●事実の「たら」は別にしよう

「たら」は、「雨が降ったら」のように仮定条件を示す一方で、「調べたら、わかった」のように、完了した事実をも表す。また、「大学を卒業したら、就職します」のように、まだ完了していなくても後で完了した後に実現する事柄を表す用例もある。その他、「発見、意外なこと」、「きっかけ」なども「たら」で表される。学習者の混乱を避けるために、これらの「たら」はここで一緒にするべきではない。用例は仮定条件の「たら」だけに制限して、不用意にほかの用例を出さないように注意しよう。＜ここがわからない！参照＞

●フォームの注意

「たら」は「た形」から、「ても」は「て形」から導く。「て形・た形」を完全マスターしていない学習者はフォームからしてスムーズに出ない。あらためて復習させよう。また否定形の場合の「～なかったら」も練習をよくする必要がある。
「ので・のに」の前は普通形であるが、［な形容詞／名詞＋なので・なのに］となるので注意させよう。

●「ので」vs「から」

「ので」と「から」違いはしばしば質問される。この違いは主に次のようにまとめられる。
①ニュアンスの違い。「から」には「理由」のほうを強調したい話者の気持ちが含まれる。一方「ので」は因果の関係の全体を客観的に述べる。

②「から」が自由に使えるのに対して、「ので」には文末の制限がある。すなわち「ので」の文の後件では、意志、願望、要求、命令などの主観的な表現ができない。
③接続の違い。な形容詞、名詞の場合、「～だから」に対して「～なので」となる。
　初級の学習者には、ふつう上の違いをわざわざ説明することはしない。質問があれば、文例を示して教えるが、①には深入りせず、②と③を取り上げて文例で示すのがよい。

◎ ここがわからない！

■想定質問：「昨日、雨が降ったら、行きませんでした。」は、いいですか？

【答え方】：いいえ。「昨日、雨が降ったので、行きませんでした。」です。

「た」を過去の助動詞と理解していることに起因する質問例である。「たら」には「完了」や「発見」の意で過去時制で使う用法もある。＜ここに注意＞参照
しかし、上の想定質問は、文脈からみて「完了」や「発見」の意にはならない。したがって「たら」は使えない。（ただし、仮定的意味では上記文例も可能である）
日本語には過去時制ではない「た」が存在する。誤解を避けるために、「た形」を最初に導入する際には「過去形」という言葉は用いない。「たら」には主節が過去時制の用法があるとはいえ、場合を想定する用法、すなわち未来時制に用いることが多く、「にほんご90日」でも、「～ても」と対比させて導入し練習を構成している。

◎ 学習者が誤りやすい点

①「安かったら、買いません。」
学習者の文化的背景や、意志が反映されるため、この文が、一概に「安くても買えません。」の誤用だとは言い切ることはできない。「安かったら買いませんか、それじゃ、高かったら、買いますか。」と学習者に聞いてみたり、ほかの学習者はどうかと聞いてみればいい。学習者自由に文を作らせる場合など、発話者の意図を確認することを忘れてはならない。＜§5・§12学習者が誤りやすい点＞参照

②「私はお金があるのに、旅行に行きません。」
これも、文法的な誤りではなく、発話レベルの「非用」例である。「のに」には「変だ」とか「よくない」といった、「意外」や「不満」の意が含まれることがこの文の不自然さの原因である。“旅行に行かない理由”の方に焦点を当てさせ、例えば「私は、飛行機が好きではないので、旅行に行きません。」または、「お金はあるけれど、旅行に行きません。」のように直すのがいいだろう。

＜タスクの解答＞
Ⅰ　a○c○e○g○　b発見　d後で実現すること　f意外なこと　hきっかけ
Ⅱ　a（の＝名詞化、に＝目的、b、c、dは逆接）
Ⅲ　「ので」を使った文の後件には話者の意志や要求、命令など、ムードが含まれる文は来ない。
　1 ○危険だからさわらないでください。　○危険なのでさわりません。
　2 ○おなかがすいたから、何か食べよう。○おなかがすいたので、ご飯を食べます。
　3 ○もう遅いから、早く寝なさい。

△▼　§26　可能表現　▲▽

◎ タスク

Ⅰ　可能動詞のフォームの作り方を説明しなさい。

1　Ⅱグループの動詞の可能形

____

2　Ⅰグループの動詞の可能形

____

3　Ⅲグループの動詞の可能形

____

Ⅱ　次の文の中で可能動詞の用法が他と異なるものはどれか。

1　a　会議室は8時までしか使えません。
　　b　息子は箸が上手に使えません。
　　c　清掃中につきトイレはしばらく使えません。
　　d　10歳以下の子どもはエレベーターが使えない。階段を使うこと。

2　a　売れる本がいい本とはかぎらない。
　　b　あそこのポイントではイワナがよく釣れる
　　c　この包丁、切れなくなったね。
　　d　一昔前は100円で映画が見られたものだ。

26-30

Ⅲ　可能形を選びなさい。

使える・できる・食べられる・分かる・分ける・見える・こまる・病気になる・聞かれる・見られる・聞ける・思われる・見せる・走れる

Ⅳ　｛　　　｝の中のどれが適当か。

1　学生「先生、｛a 聞けません・b 聞こえません・c 聞くことができません｝。
　　　　テープレコーダーの音を大きくしてください。」
・適当（　　　）

・理由 ______________________________

2　キムさんは、英語でスピーチ①｛a が・b を｝できます。
　　私は、日本語で電話②｛a が・b を｝かけられます。
・適当　①（　　　）②（　　　）

・理由 ______________________________

◎ 授業の手順

可能形

▼「にほんご90日」第46課、第37課

1　可能表現の例を示す。
2　可能形(可能動詞)のフォームの作り方を示す。
3　口慣らしの練習をする。<形の練習>

～は～が可能形
～は…可能形

1　文例で可能表現の構文と意味を示す。
2　運用練習をする。<文の練習>

◎ 用法導入のアイデア

①全員立って、右手は肩から、左手は腰から背中にまわして、後で手を握る。できた学生には「できました」と言って、○のカードを渡し、できない学生には「できません」と言って、×のカードを渡す。手を逆にして、同様にする。

②ひらがな、カタカナ、漢字の書き取りをする。全員に○と×のカードを配っておき、できたら○のカードを出し、できなかったら×のカードを出す。○を出した学生に板書させる。「漢字を書きました。いいです。○です。書けました。」と言って、「可能形」であることを示す。

③早口ことばを言わせて、言えたら、他の学生に、「言えました。上手です。」と言わせ、言えなければ「言えません。残念ですね。」と言わせる。

◎ ここに注意

●助詞に注意

「英語を話す→英語が話せる」「を→が」は、頭でわかっていても運用時に間違えることが多いので、教師「英語を」学習者「話します」、教師「英語が」学習者「話せます」といったような練習も入れてみよう。

●「できる」人は「に」？「は」？

可能表現の基本文型は、《人に事が～》であるが、実際には「リンさんに英語が話せます」とは言わない*ので、初級では「は」だけに絞るほうがいい。

＊「こんな高い物、私には買えないわ」「彼にできないこと」といった使い方はされる。

●可能動詞はⅡグループの動詞に変身

可能動詞はⅡグループの動詞として、活用したり他の語と結合したりすることができる。
例：行ける、行けない、行けた、行けそうだ、行けるそうだ、行けるようだ、等

◎ ここがわからない！

■想定質問：「これ、食べれません。」と日本人が言っていました。いいですか？

【答え方】：「食べれません」もよく聞きますが、「食べる」は「Ⅱグループ」ですから、「食べられません」が正しい形です。

これは「日本語の乱れ」などとしてよくやり玉に挙げられる例である。言語は生き物で、変化は付き物であり、「一段動詞」及び「カ変動詞」の“ら抜き”もその一例にすぎない。しかし、国語審議会の答申によっても、これは“誤り”とされている以上、「一段動詞」及び「カ変動詞」は「られる」をつけるという規則に従ったほうがいいだろう。ただし、学習者が使うかどうかは別として、“ら抜き”言葉が、可能動詞であることを理解できるようにはしておきたい。また、「Ⅰグループ」つまり「五段動詞」の「未然形＋れる」（例「行かれる」）も日本語のネイティブの会話には出現しうることにも注意して、教える側は文例をコントロールしなければならない。

◎ 学習者が誤りやすい点

①「あの人はテニスがしられます。」
「サ変動詞」の可能形は「できる」である。「する（します）」を「できる（できます）」に変換する単純練習を繰り返すことで、誤用は避けられる。

②「私はさしみを食べられません。」
他動詞の対象を表す助詞の「を」が「が」に変わることは、無視されやすい。実際には「を」も用いられるので、重大なミスではないが、適宜直していきたい。

③「ここから富士山が見られます。」
この文自体は、誤文とはいえず、「ここから富士山が見えます。」もまた正しい。しかし「後ろの人、これ、見えますか。聞こえますか。」のような場合は、「見られる・聞ける」に置き換えることは不可能であり、「見られる・見える」「聞ける・聞こえる」の用法には注意が必要である。

＜タスクの解答＞

Ⅰ　1 Ⅱグループの動詞の可能形：辞書形の末尾「る」をとって「られる」をつける。
　　2 Ⅰグループの動詞の可能形：辞書形の末尾「ウ段」を「エ段」に変えて「る」をつける。
　　3 Ⅲグループの動詞の可能形：来る→来（こ）られる　する→できる

Ⅱ　次の文の中で用法が他と異なるものはどれか。
　　1b（「能力」を表す。a,c,d は「許可」を表す。）2d（「状況、許可」を表す。a,b,c は「物の性質」を表す可能形）

Ⅲ　使える・できる・食べられる・見られる・聞ける・走れる

Ⅳ　1 適当（b）理由：「聞けません」「聞くことができません」は聞く能力をもっていない状況、又は、聞くことが許されていない状況を示す。
　　　例文：この店では、買う前に聞けるCDと聞けないCDがある。
　　2 適当①（a）②（a、b）理由：可能形はガ格もヲ格もとるが、「できる」はガ格のほうが自然。

△▼　§27　受身表現　▲▽

◎ タスク

Ⅰ　次の動詞を分けなさい。受身形にはｐｓ、可能形にはｐｔ、受身形でも可能形でもあるものにはｓｔ、使役受身形にはｃｐ、辞書形にはＤ、以上のどこにも入らないものには×をつけなさい。

1. 行ける　(　　　)　2. 行かれる　(　　　)　3. 食べられる　(　　　)
4. 働らかられる　(　　　)　5. 起きられる　(　　　)　6. 走られる　(　　　)
7. つかまえられる　(　　　)　8. つかまる　(　　　)　9. つかまられる　(　　　)
10. 見れる　(　　　)　11. 見せられる　(　　　)　12. 見られる　(　　　)
13. 見させられる　(　　　)

Ⅱ　次の文を受身文に変えなさい。

1　泥棒は逃げた。

＿＿＿＿＿＿＿＿＿＿＿＿＿＿＿＿＿＿＿＿

2　となりのおばさんが私の足を踏んだ。

＿＿＿＿＿＿＿＿＿＿＿＿＿＿＿＿＿＿＿＿

3　警官は息子のパスポートを調べた。

＿＿＿＿＿＿＿＿＿＿＿＿＿＿＿＿＿＿＿＿

4　大きな男が（私の）前の席にすわった。

＿＿＿＿＿＿＿＿＿＿＿＿＿＿＿＿＿＿＿＿

5　外国人が彼に英語で道を聞いた。

＿＿＿＿＿＿＿＿＿＿＿＿＿＿＿＿＿＿＿＿

6　この工場ではトラックを製造している。

＿＿＿＿＿＿＿＿＿＿＿＿＿＿＿＿＿＿＿＿

Ⅲ　(　　　)の中に適当な語を入れなさい。

受身文では、行為者（人）は助詞「(①　　　　)」で表されるが、これは「(②　　　　)」に置き換えられる場合が多い。「アメリカ大陸はコロンブス(③　　　　)発見された」のような例では「(①　　　　)」も「(②　　　　)」も用いられず、「(③　　　　)」が使われる。「③　　　　」は（④　　　　）を表す文で用いられる。

26
-
30

◎ 授業の手順

受身表現と受身形　　▼「にほんご90日」第51課

1 受身表現の例を示し、受身形の使い方を紹介する。
2 受身文の動詞のフォームに注目させ、形の作り方を説明する。
3 フォームの練習をし、口慣らしをする。<形の練習>
4 運用練習をする。<文の練習>

受身表現の文型　　▼「にほんご90日」第52課

1《ＡはＢを～》→《ＢはＡに［受身形］》　文例で使い方を示す。
2《ＡはＢに～》→《ＢはＡに［受身形］》　文例で使い方を示す。
3《ＡはＢのＸを～》→《ＢはＡにＸを［受身形］》　文例で使い方を示す。
4 ３文型の変形練習：（能動文→受身文）<形の練習>
5 運用練習をする。<文の練習>

その他の受身表現　　▼「にほんご90日」第53課

1《人が／人々が～を～》→《～は［受身形］》　文例で使い方を示す。
2 フォームの練習を「～(ら)れている」の形を中心に行う。<形の練習>
3 文の変形練習（能動文　→　受身文）
4 運用練習をする。<文の練習>

◎ 用法導入のアイデア

用意するもの：イラスト（泥棒が財布をとっている、赤ちゃんが泣いている、こまった表情の女性）

①学生の名前を呼んで、返事をさせ、「私は呼びました。」と言う。そして、「Ａさんは呼ばれました。」と言って、フレーズカード「Ａさんは呼ばれました」を示す。「受身形」であることを示す。

②「Ｂさん、作文が上手ですね。発音もいいですね。字もきれいですね。」と、学生Ｂをほめる。学生Ｃに「先生はほめました。Ｂさんはほめられました。」と言わせたら、さらに、「先生はＢさんをほめました。Ｂさんは先生にほめられました。」と人を指しながら言わせる。フレーズカード「Ｂさんは先生にほめられました。」を示し、助詞「に」に注目させる。「ほめた人はだれか」を確認する。

③どろぼうが財布をとるイラストを見せて、「男の人はとられました。さいふをとられました。男の人はどろぼうにさいふをとられました。」と言う。さらに、「男の人はさいふをとられて、困っています。」と言い、フレーズカード「男の人は、どろぼうにさいふをとられて、こまっています。」を示す。

④赤ちゃんが泣いているイラストを見せる。となりに困った顔の女の人を貼る。「赤ちゃんがないています。お母さんは困っています。」「お母さんは泣かれます」「お母さんは赤ちゃんに泣かれて、困っています。」と順に言う。フレーズカードで確認する。

> **発展**
>
> 「こまった」ことを、受身形を使って発表する。

◎ ここに注意

●フォームの練習は十分にしよう。

可能形、受身形、そして後で出る使役形などのフォームを学習者は混同することが多い。口の練習を十分にすること。そして文字で書いて確認する作業も怠りなくするように。

●行為の主体、受け手を確認しよう

たとえば「息子は警官にパスポートを調べられた。」の文では、「だれが調べましたか」「何を調べましたか」「だれのパスポートですか」などの質問をして状況がわかっているかを確認することが必要。文の変形はできても事実関係が把握できていないことがよくある。迷惑の受身であれば「困った人はだれですか」と聞くことも大切である。

◎ ここがわからない！

■想定質問：「私は友達に名前を呼ばれた。」は、「友達は私に名前を呼んだ。」ですか？

【答え方】：いいえ。「名前」は「私の名前」ですから、「友達は私の名前を呼んだ。」です。
「BはAにXを（受身形）」の元の文は、「AはBのXを～」となります。

「受身形」の変換練習をしている際に出てくる可能性のある質問例である。特に、他動詞の場合は混乱が生じやすいので注意が必要である。能動文で「友達は私に肩をたたいた」という言い方をする言語もある。「受身形」の場合は、被害の意味になったりもするので文例は慎重に選ぼう。「にほんご90日」のテキストにあるように、「受身形」は既に起こった事柄を述べる場合に用いられることが多いので、時制は過去で統一したほうがいいだろう。

◎ 学習者が誤りやすい点

①「私は母にしかれました。」
これは、単純な活用ミス。ただし、「れる」をつけるのか「られる」をつけるのかは、可能形のあとだけに、滑らかに口から出るよう、十分練習することが望ましい。

②自動詞の受身形

「被害の受身」とも言われるものである。<用法導入のアイディア>にある「赤ちゃんに泣かれて、困りました。」などはよいが、「友達に速く歩かれたので、疲れた。」など、場面設定が複雑になるものは避けたほうがいいだろう。

<タスクの解答>

Ⅰ　1. 行ける（pt）　2. 行かれる（st）　3. 食べられる（st）　4. 働らかられる（×）　5. 起きられる（st）
6. 走られる（ps）　7. つかまえられる（st）　8. つかまる（D）　9. つかまられる（ps）
10. 見れる（×）　11. 見せられる（ps）　12. 見られる（st）　13. 見させられる（cp）
＊1. 2.「行く」の可能形は例外的に「行ける／行かれる」の２形ある。
3. 5. 7.Ⅱグループの動詞は受身形と可能形が同形　4. この形は存在しない
6.「走る」はⅠグループ　9.「つかまる」の受身形　10. いわゆる「ら抜き」
11.「見せる」の受身形　13. 見る→見させる（使役形）→見させられる（使役受身形）

Ⅱ　1 泥棒に逃げられた。
2 私はとなりのおばさんに足を踏まれた。
3 息子は警官にパスポートを調べられた。
4 私は大きな男に前の席にすわられた。
5 彼は外国人に英語で道を聞かれた。
6 この工場ではトラックが製造されている。

Ⅲ　①に　②から　③によって　④新しく作り出した事、物

△▼　§28　使役表現　▲▽

◎ タスク

Ⅰ　使役形のフォームの作り方を説明しなさい。

1　Ⅱグループの動詞の使役形

____

2　Ⅰグループの動詞の使役形

____

3　Ⅲグループの動詞の使役形

____

Ⅱ　次の中から使役形として a 正しくないもの、b 使役形ではないものを選びなさい。

1　コピーを取らさせてください
2　身分証明書を見せてください
3　子どもに取りに行かさせましょう
4　私も車に乗せてください
5　子どもを寝かせてから出かけよう。
6　今度はあいつに歌わそう

a 正しくないもの　______________________________

b 使役形ではないもの　______________________________

Ⅲ　次の中で使役形の用法が他と異なるものを選びなさい。

1　a. 台風の接近で先生は生徒を帰らせた。
　b. ドンファンは多くの女性を泣かせた。
　c. 医者は患者を入院させた。
　d. 母は娘に家事を手伝わせた。

2　a. 子どもを遊園地で遊ばせた。
　b. したいようにさせればいい。
　c. 疲れているんだろう。寝かせておこう
　d. 娘ができたらバレエを習わせよう。

◎ 授業の手順

使役表現の導入　　▼「にほんご90日」第56課

1 使役文の例を示して使い方を紹介する。
2 使役動詞のフォームに注目させ、形の作り方を説明する。
3 フォームの練習をし、口慣らしをする。＜形の練習＞
4《AはBを［使役形］》(動詞の対象語がない文)の用例を示して、使役文の主体と対象の関係を理解させる。
5 運用練習をする。＜文の練習＞

使役表現　　▼「にほんご90日」第57課

1《AはBに～を［使役形］》(動詞の対象語がある文)の用例を示す。
2 文に慣れるための口慣らしをする。＜形の練習＞
3 運用練習をする。＜文の練習＞

その他の使役文　　▼「にほんご90日」第58課

1「人に感情を起こさせる」表現の用例を示す。
2 文に慣れるための口慣らしをする。＜形の練習＞
3 運用練習をする。＜文の練習＞
4《～させていただけませんか》の用例を示し、使い方を紹介する。
5 口慣らしの練習＜形の練習＞
6 運用練習をする。＜文の練習＞

◎ 用法導入のアイデア

用意するもの：指示をする棒（棒の先に指を指している手をつけておく)、イラスト（宿題を忘れた学生が教室の後ろに立っている、親が子どもに皿を洗わせている、ロボットをリモコンで動かしている）

①学生を立たせる。指示棒を学生のほうに向けて命令口調で「Aさん、立ってください。」と言う。そして、他の学生に、「Aさんは立ちました。どうしてですか。」と問いかけ、Aが先生の指示で立ったことを確認する。「先生はAさんを立たせました。」と言って、フレーズカードを貼る。フレーズカードを見て、「立たせました」に注目させる。「使役形」であることを示す。

②板書しておいて、学生を前に来させて、「Aさん、これを消してください」と言って消させ、他の学生に「Aさんはボードを消しました。先生はAさんをボードを消させました。」と言わせ、「Aさんを」ではなく「Aさんに」になることを示す。フレーズカードで示す。

発展

自分が親・社長・教師なら、子ども・社員・学習者にどんなことをさせるかをグループで考えさせ、発表させる。

◎ ここに注意

●フォームの練習はしっかりしよう。

すでに可能形、受身形で混乱しているところへまた新出の使役形が出てくる。文字に頼りやすい中国人などはパニックになりやすい。口の練習を十分にすること。しかし、口の練習の後は、文字で書いて確認する作業も忘れてはならない。

●「だれがするか」を確認しよう。

受身表現と同様に、たとえば、「先生が学生を立たせました」の文では「だれが立ちましたか」と質問をして状況がわかっているかを確認することが必要。使役文への変換ができても、状況が正しく把握されているかどうかわからないので、よくチェックしよう。

●「～（さ）せていただけませんか」は、運用練習を十分にしよう。

この表現は、とにかく使えるようになってほしい。「～たいです」ですませてしまうこともできるが、それでは会話力のレベルが上がらない。使いたくなるような動機を与えて練習をさせよう。

◎ ここがわからない！

■想定質問：「母は私に勉強させます。」ですか、「母は私を勉強させます。」ですか？

【答え方】：「母は私を勉強させます。」です。「AはBを～（さ）せます。」、「AはBにCを～（さ）せます。」の形で覚えてください。

これも動詞の自他に絡む問題である。自動詞の場合は、Bが「使役形」の対象となるので助詞の「を」をとる。「にほんご90日」では、まずこの形を導入、練習した上（第56課）で、他動詞の文例を学ぶ（第57課）ようになっている。したがって、注意をしなければならないのは、同じ意味の文、例えば「母は私に勉強をさせます。」を不用意に用いて混乱を招かないことである。

◎ 学習者が誤りやすい点

①「私は父にたばこをやめさせました。」

状況としてあり得るし、また文法的にも正しいが、目上の人に対しては「使役形」を使わないことを踏まえると、勧められない文例である。このような場合は、「私は父にたばこをやめてもらいました。」のように、「～てもらう」に置き換えたほうが適当だろう。

②「ちょっと見して。」
日本語のネイティブスピーカーにも頻繁に見られると思われる例であり、これは「〜す／さす」という古い形の活用形や方言だが、教える際には「〜（さ）せる」に意識して統一したほうがよい。

<タスクの解答>

Ⅰ　1 Ⅱグループの動詞の使役形：辞書形から末尾の「る」をとって「させる」をつける。
　　2 Ⅰグループの動詞の使役形：ない形から「ない」をとって「せる」をつける。
　　3 Ⅲグループの動詞の使役形：
　　　　来る＝ない形から「ない」をとって「させる」をつける。
　　　　する＝させる

Ⅱ　a 正しくないもの　1、3　　　b 使役形ではないもの　2、4

Ⅲ　1 b（「感情を起こす」　a, c, d は「強制・命令」）
　　2 d（「強制・命令」　a, b, c は「そのままにする、放置する」意の用法）

△▼　§29　原因・理由の表現　▲▽
～し、～から・～て・～ため（に）

◎ タスク

Ⅰ　次の文で「て形」はどんな機能を果たしているか。接続の機能を下から選びなさい。

a. 逆接	b. 手段	c. 対比	d. 原因	e. 付帯状況
f. 並列	g. 例示	h. 仮定	i. 継起（順序）	

1　タクシーを呼んで病院へ行った。
2　目を閉じてイメージする。
3　姉はおとなしくて、妹は活発だ。
4　順調にいってまる１週間かかるだろう。
5　受付で聞いてわかった。
6　捻挫して歩けなくなった。
7　わかっていて言わないんだから……。
8　隣の家の庭は広くてきれいだ。

Ⅱ　次の文が不自然なのはなぜか。「～て」を変えずに正しい文に直すと、どうなるか。

1　頭が痛くて、学校を休もう。

____

2　値段が高くて、買いません。

____

3　明日試験があって、今夜勉強します。

____

Ⅲ　次の文が不自然なのはなぜか。正しい文に直すと、どうなるか。

1　この本は難しすぎるために、読まない。

____

2　天気が悪いために、うちにいよう。

____

3　給料が上がったために、生活が楽になった。

____

◎ 授業の手順

～し、～から
▼「にほんご90日」第31課

1　理由が二つ以上ある因果関係の例を示して、《［理由1］し、［理由2］から、～です》の表現型を紹介する。
2《［理由1］し、［理由2］から》の部分だけを口慣らしのために練習する。＜形の練習＞
3　運用練習をする。＜文の練習＞

～て、～
▼「にほんご90日」第38課

1　原因・理由を表す「～て、」の例を示す。
2「～て」で2文を結合する練習をする。＜形の練習＞
3　運用練習をする。＜文の練習＞

ため（に）
▼「にほんご90日」第79課

1　原因・理由を表す「ため（に）」の例を示して、紹介する。
2　目的を表す「ため（に）」を思い出させて復習する。
3　原因・理由を表す「ため（に）」の口慣らし練習をする。＜形の練習＞
4　二つの「ため（に）」の運用練習をする。＜文の練習＞

◎ 用法導入のアイデア

1 ～し、～から、～

用意するもの：イラスト（暖かい、風がない、散歩する、高い、まずい、レストラン、など）
①イラストを示して、「今日は暖かいです。風もありません。だから、散歩に行きましょう。」と言う。

②3枚のフレーズカードを次のように貼る。

暖かいです ─┐
　　　　　　├ から、　散歩に行きましょう
風もありません ─┘

③カードを動かして、横に並べ、「暖かいですから、風もありませんから、散歩に行きましょう。」とする。前の「から」を横線で消して、その上に「し」を貼り、「です」も横線で消す。「暖かいし、風もありませんから、散歩に行きましょう。」としてリピートさせる。

④「し」の前は、普通形が来ることを示す。

⑤ほかのイラストを見て練習する。

2 ～て

用意するもの：イラスト（頭が痛い人、歯が痛い人など）、レアリア（三角巾）
①教師は三角巾で手をつって、「手にけがをしました。書けません。」と言い、イラスト

カード「手にけがをしました。」「書けません。」を貼る。「しました。」の上に「して、」を貼って、「手にけがをして、書けません。」と言う。リピートさせる。

②頭が痛い人のイラストを見せて、学生に後件を言わせる。学生の言った後件の文に○×のカードを出して、後件の条件を示す。
　例　頭が痛くて、勉強できません。（○）
　　　頭が痛くて、学校を休みたいです。（×）
　　　頭が痛くて、薬をください。（×）

3　ために
用意するもの：イラスト（かぜをひいた人、電車の事故、台風で倒れた木、など）
①イラストを示して、「先週学校を休みました。どうして？」と問いかけ、「かぜのために」「かぜをひいたために」と言い、リピートさせる。

②フレーズカードで示す。

③他のイラストを示して、「事故のために、電車が遅れました。」「台風のために木が倒れました。」「事故があったために、〜」「台風が来たために、〜」と言わせる。

◎ ここに注意

●普通形の復習をしよう。
　「し」の前は普通形が来る。「から」の前は本来は普通形であるが、会話では丁寧形もよく使われるので、学習者の負担を考慮して「から」節は丁寧形でよしとしよう。また「ため（に）」の前も普通形が来る。普通形は何度も出てくるのでその都度復習をしよう。ただし、な形容詞と名詞の接続には注意。「事故のために」のように［名詞＋の］もある。（「ため」は名詞）。「ひまなとき」のように［な形容詞＋な］もある。普通形の表現型が出てくるたびにフォームを確認し直そう。

●「し」の用法は「理由」だけではない。
　「し」は常に理由の表現に用いられるとは限らない。本来は、「安いし、体にいい」のように二つ以上の事柄を並べ、加えていくときに用いるが、事柄が理由を表す場合が多い。理由を表す場合でも、「安いし、体にいいし、よく食べている」のように、「から」「ので」を使わなくてもいい。「にほんご90日」第31課では、「安いから、体にいいから」と言うのは誤り、というアプローチで「〜し、〜から」を導入している。

●助詞「も」を積極的に言わせよう。
　「値段が安いし、体にもいいから」のように、「Aし、Bし／から」で、文B中の「は」「が」「を」は「も」に変わり、「に」「で」は「にも」「でも」となることが多い。特にこだわる必要はないが、ここで学習者に「も」を意識させたい。

●「〜て」の復習をしよう。
　「にほんご90日」では、「〜て、いいです」（第19課)で理由の「〜て」はすでに導入されている。２文を結合することも既習であるが、学習者はけっこう「て形」でつまずく。

●「頭が痛くて、学校を休みたい」はダメ

文中に「～て」がある場合、文末に意志、要求、依頼などの表現は使えない。「これは安くて、買いましょう」などの文は非文である。

◎ ここがわからない！

■想定質問：「安かったし、おいしかった。」ですか、「安くて、おいしかった。」ですか？

【答え方】：どちらも、いいですよ。

原因・理由を並列する表現であるが、テンスが絡むと、どこを「過去形」にしたらよいかが少々やっかいである。この例の場合、「安いし、おいしかった。」は不自然である。まずは、「現在形」で導入、練習し、「過去形」へ発展させた方がいいだろう。また、「Ａし、Ｂし、Ｃし、Ｄし、……」のように「し」を多様、濫用するのは耳ざわりで避けたほうがいい。

◎ 学習者が誤りやすい点

①「私の街は、きれいし、人が親切です。」
「な形容詞」が「し」の前で「～だ／だった」となることに注意しなければならない。このような誤用例は多く見られるので、十分練習することが必要である。

②「このかばんは重いで、持てません。」
これも「い形容詞」と「な形容詞」の活用の混同である。＜学習者が誤りやすい点§12①＞参照。様々な形容詞を組み合わせて口頭練習を組み立てる必要があるだろう。

③「これは安くて、買います。」
「これは安くて、買いましょう。」は文末に意志表現があるので誤りであるが、「買います」もこの文では話者の意志を表している（I'll buy it. の意）ので不自然である。

＜タスクの解答＞

Ⅰ　1i　2e　3c　4h　5b　6d　7a　8f

Ⅱ「～て」の文末には必然的な結果が来る。話者の意志でコントロールするような表現は合わない。３文とも、文末に意志動詞があるので不自然。無意志動詞、可能動詞、または意志の含まれない表現に変えればよい。
正しい文の例：
1 頭が痛くて、学校に行けない。／休まなければならない。
2 値段が高くて、買えません。
3 明日試験があって、今夜勉強しなければなりません。

Ⅲ「ため（に）」も意志のある表現と合わない。また、プラスの事柄とも相性がよくないので、「ため（に）」の前は良くない事柄が来ることが多い。
正しい文の例：
1 この本は難しすぎるために、読めない。
2 天気が悪いために、うちにいることにした。
3 給料が上がったので、生活が楽になった。

△▼　§30　目的の表現　▲▽
～ために・～ように・～ないように

◎ タスク

Ⅰ　次の文はなぜ不自然なのか。

1 こわさないために、よく気をつけて。

____

2 ショパンが弾けるために、練習しよう。

____

3 実力をつけるように、問題をたくさんやった。

____

4 早く病気が治るために、ちゃんと薬を飲もう。

____

5 息子は医者になるようにがんばっています。

____

Ⅱ　次の文の誤りを指摘し、修正の例を考えなさい。

1 きれいためにエステに行きました。

誤り ______________　修正例 ______________

2 ショパンが弾けるために、練習しよう。

誤り ______________　修正例 ______________

Ⅲ　1 {　　} の中の適当なほうを選びなさい。

① 父を説得する {a ために・b ように}、娘は家に電話した。
② 父が怒らない {a ために・b ように}、娘は家に電話した。
③ 父が安心する {a ために・b ように}、娘は家に電話した。
④ 父が安心できる {a ために・b ように}、娘は家に電話した。
⑤ 父を安心させる {a ために・b ように}、娘は家に電話した。
⑥ 父に怒られない {a ために・b ように}、娘は家に電話した。

2　上の①～⑥をもとに、「ために」「ように」の使い方の原則的な違いを示す表を作りなさい。ただし、1，2には、「ために」または「ように」のを入れる。
3，4，5には「同一」または「異なる」を入れる。
6、7，8に適当な語を入れる。

	A 1________、B	A 2________、B	
A/Bの主体	3__________	4__________	5__________
Aの動詞の種類、性質	・Aの主体の 6 (　　　　) で実現できる事柄 ・7 (　　　　) 性の動詞 ・その他 (　　　　)	・Aの主体の 6 (　　　　) では実現できない事柄 ・8 (　　　) 性の動詞、(　　　) ・その他 (　　　　)	

26-30

◎ 授業の手順

▼「にほんご90日」第55課

～ために

1「ために」の用例を示し、使い方を紹介する。
2［動詞普通形／名詞の＋ために］の接続を示し、口慣らしの練習をする。＜形の練習＞
3 運用練習をする。＜文の練習＞

～ないように

1《～ないように、～します》の例を示し、否定形のときは「ように」を用いることを示す。
2 口慣らしの練習をする。＜形の練習＞
3 運用練習をする。＜文の練習＞

～ように

1《～ように、～します》の例を示し、「ように」の前に来る動詞に注目させる。
2 口慣らしの練習をする。＜形の練習＞
3 運用練習をする。＜文の練習＞

◎ 用法導入のアイデア

1　～ために

用意するもの：イラスト（貯金をする、家を建てる、旅行する）

①イラスト「貯金する」を貼り、その左に「←」をつける。さらに、その左に家を建てるイラストを貼る。「貯金します。そして、家を建てます。」と言って、「←」の下に「ために」のフレーズカードを貼る。各イラストの下に「家を建てます」「貯金します」を貼る。さらに、「建てます」の上に「建てる」を貼り、「家を建てるために、貯金します。」とする。

②同様にして、「旅行するために、貯金します。」「旅行のために、貯金します。」を示し、「ために」の前には辞書形と［名詞の］がくることを示す。

2　～ないように

用意するもの：メモ帳、パスポート、イラスト（遅刻する、寝る、など）

①学生に電話番号を聞いて、「忘れないように、メモします。」と言う。フレーズカードで、「ない形＋ように」となることを示す。

②パスポートを見せて、「大事なものですから、なくさないように、注意してください。」と言う。

③イラストを示して、「遅刻しないように、早く寝ます。」と言う。

3 ～ように

用意するもの：テープレコーダー

①ボードに小さい字で字を書いて、後のほうの学生に見えるかどうか聞く。学生が「見えない」と答えたら、「よく見えるように、大きく書きます。」と言う。フレーズカードで示す。

②イラスト等を用いて、[見える／聞こえる／可能形／わかる／なる＋ように]の例文を示す。フレーズカードで確認して、「ように」の前に来る動詞をチェックする。

発展

「～ように、～しましょう」の標語を作って、紙に書く。できたものを、壁にはる。

◎ ここに注意

●「ために」vs「ように」

「ために」と「ように」の使い分けを初級の学習者に理解させるのは難しい。なぜなら両者の使い方を分けるのは、「目的」の事柄が「人が意志によってコントロールできるか、できないか」というとても抽象的で微妙なことであるからだ。初級では微妙な説明はかえって学習者を混乱させることになりかねない。「にほんご90日」では、わかりやすく、教えやすくするために、目的を表す「ように」を使うのは、動詞が ①否定形のとき ②可能動詞（「見える」「聞こえる」「わかる」「できる」を含む）と ③「なる」のとき、と限定して提出している。

●「医者になるために」？

初級では「なるように」が正しくて「なるために」はダメと一応教えておくが、実際は、どちらも言えるような用例が少なくない。たとえば「医者になるように(医大へ行く)」より「医者になるために」のほうが自然。ところが「早く元気になる」は「ために」より「ように」のほうが自然に感じられる。職業の場合は、目的の成就に積極的な意志や努力がかかわる度合いが強い、つまり、意志でコントロールする部分が大きいから、とも考えられる。「日本語が上手になる」も同じようなことから「ために」も可と言える。＜学習者が誤りやすい点＞参照

●「ために」は「原因・理由」を表す用法もある。

「にほんご90日」では第79課で原因・理由を表す「ために」を提出している。

◎ ここがわからない！

■想定質問：「皆さん、日本語で話せるようにしてください。」は、正しいですか？

【答え方】：「皆さん、日本語で<u>話す</u>ようにしてください。」か、「皆さん、日本語で話せるように<u>なって</u>ください。」がいいと思います。

動詞の「可能形」を一緒に使う際は、注意が必要である。まず、学習者の発話意図を確

かめた上で、この例のように訂正するのがいいだろう。「変化」の表現「ようになります」（§20）は「可能形」と共に用いることができるが、「ようにする」との共起は文例が特殊になるので避けたほうがよい。

◎ 学習者が誤りやすい点

①「会話ができるために、毎日練習します。」
これも、想定質問と同じように「可能形」にかかわる誤用である。「(目的)ために〜する」は、「可能形」と共起しないことに注意が必要である。＜ここに注意＞参照。

②「病気にならないために、スポーツをします。」
「ない」は「状態」であり、状態は「ため」と共には用いられない。「健康になるために、スポーツします。」のように肯定形であれば可能である。＜ここに注意＞と①で述べたように「なる」は場合によって「ように」「ために」のどちらか、またはどちらとも共起し得る。

＜タスクの解答＞

Ⅰ　1 否定形＋ように　2 可能形＋ように　3 「実力をつける」他動詞で意志があるから「ために」
4「治る」は結果であって、コントロールできないから「ように」
5「なる」は、本来結果であってコントロールできないはずだが、職業の場合は意志や努力で目的が達せられる（つまりコントロールできる）から「ために」のほうが合う。

Ⅱ　1 誤り：形容詞は目的を表す「ため（に）」と直接つくことはない。
修正例：きれいになるために
2 誤り：1と同じ
修正例：ショパンが弾けるように／ショパンを弾くために

Ⅲ　1　①a　②b　③b　④b　⑤a　⑥b

	Aために、B	Aように、B	
A/Bの主体	同一	同一	異なる
Aの動詞の種類、性質	A/Bの主体の（意志）で実現できる事柄 ・（動作）性の動詞 ・他動詞	A/Bの主体の（意志）では実現できない事柄 ・（状態）性の動詞 可能動詞、否定形、受身形 ・自動詞	

△▼　§31　命令の表現　▲▽
命令形・〜ようにしてください・〜ように言う・〜なさい

◎タスク

I　(　　　)の中に適当な語を上から選んで入れなさい。

禁止	依頼	ていねいさ	ぞんざいさ	敬意	言い切りの形
男性	目下	ごく近い人	よ	ね	なさい
てくれ	できるだけ	強くない	な		

命令形の使用はかなり特殊な場合に限られる。それはこの形を用いる言い方が(①　　　　)を全然含んでいないからである。まず、これを使う人は(②　　　　)だけで、相手は(③　　　　)または(④　　　　)である。また、(⑤　　　　)で使うと非常に強いので、しばしば終助詞の(⑥　　　　)」をつけてやわらげる。「(⑦　　　　)」は否定の命令表現、つまり(⑧　　　　)を意味する表現。である。これも使える人、相手に命令形と同様の制限がある。「〜てくれ」も同様である。一方、「(⑨　　　　)」は女性が使うことのできるわずかな命令表現の一つである。「〜ようにしてください」は、以上の表現ほど強くなく、命令というより「(⑩　　　　)」の表現といったほうがいい。「〜ようにする」は「(⑪　　　　)そうする」という意味で、「(⑪　　　　)」というのは「完全でなくても許される」という意味合いになる。「〜ようにしてください」が(⑫　　　　)のには、こういったことがある。

31-35

◎ 授業の手順

命令形・な・てくれ　　▼「にほんご90日」第59課

1 命令形の使い方を紹介する。
2 命令形の形、「～な」の形を示す。練習する。＜形の練習＞
3「てくれ」の形を示す。練習する。＜形の練習＞
4 命令形、「～な」、「てくれ」の使い方の練習をする。

ようにしてください・ように（と）言いました　　▼「にほんご90日」第60課

1「ようにしてください・気をつけてください・注意してください」の例を示し、使い方を紹介する。
2 口慣らし練習をする。＜形の練習＞
3 運用練習をする。＜文の練習＞
4「ように(と)言います」の例を示して、使い方を紹介する。
5 運用練習をする。＜文の練習＞

なさい　　▼「にほんご90日」第74課

1「～なさい」の例を示し、使い方を紹介する。
2 口慣らしの練習をする。＜形の練習＞
3 運用練習をする。＜文の練習＞

◎ 用法導入のアイデア

1　命令形

用意するもの：紙芝居（銀行強盗が銀行に入って、手を挙げさせ、金を出させる。そこに警官が来て、強盗を捕まえる）おもちゃの銃、警察らしく見える帽子、サングラスまたは目だし帽

①紙芝居を見せる。泥棒が銀行に入って、手を挙げさせる図で一時ストップ。中がブランクの吹き出しを貼る。強盗の言うべき表現を考えさせる。

②銃を構えて、「手をあげろ。」「金を出せ。」を繰り返して言う。フレーズカード「手をあげろ」「金を出せ」を貼って動詞の形に注目させる。「命令形」であることを示す。

2　～ようにしてください／～ように言いました

用意するもの：イラスト（遅刻する、教師、美術館員、旅行添乗員、など）

①遅刻者に「××さん、今日、遅刻しましたね。遅刻はだめです。遅刻しないようにしてください。」と言う。そして、「遅刻しないように、どんなことをしますか」と聞く。「遅刻しないように、早く寝ます。」「遅刻しないように、目覚し時計を買います。」などと言わせる。フレーズカードで確認をする。

発展

①くじを引いて、職業を決め、客に注意してもらうことを考えて言わせる。
　例・教師：遅刻はだめですよ。遅刻しないようにしてください。
　　・美術館員：写真はだめですよ。ここで写真を撮らないようにしてください。
　　・旅行添乗員：集合の時間に遅れないようにしてください。

②他の学生に①で何と言ったかを聞き、「～ようにと言いました」を使って答えさせる。
　例　教師：美術館の人は、何と言いましたか。
　　　学生：美術館の人は、写真を撮らないようにと言いました。

◎ ここに注意

●男性ことば女性ことば

命令形、「～な」、「～てくれ」は「男性ことば」であることを必ず伝えよう。「～てくれ」は「女性ことば」では「～て」。また、命令形と「～な」は強い表現で、上から下、または、ごく近い関係でしか使わないことも言わなければならない。

◎ ここがわからない！

■想定質問：「命令形・禁止形」は、だれにでも使えますか？

【答え方】：いいえ。強い言い方ですから、目下の人や、子供などに使います。そして、男の人が使うことが多いです。女の人は使わないほうがいいでしょう。

運用レベルの問題であるが、友達同士であっても、使う場面はごく限られている。従って、この「命令形・禁止形」だけで口頭練習を組み立てるのは難しいし、頻度の点からいっても、理解できていればよしとしていいだろう。ただし、「命令形」を間接的に用いる表現、「(命令形・禁止形) という意味です／と言っていました。」などは学習者のレベルに応じて練習したほうがよい。

◎ 学習者が誤りやすい点

①「しないくれ。」
「～ないでくれ／ください」は、助動詞「ない」が活用して「～なくてくれ／ください。」にはならない。すると、この例のように「で」が脱落した形が出て来ることがある。運用頻度が限られている文型ではあるが、正しい形で押さえておきたい。

②「上手になるようにしてください。」
これは、「～ようにする」の誤用である。＜§30　学習者が誤りやすい点②＞参照
「～ようにしてください／ように言いました」の前には「行為」あるいは「禁止行為」が来ることに注意させなければならない。

＜タスクの解答＞
①ていねいさ　②男性　③目下　④ごく近い人　⑤言い切りの形　⑥よ　⑦な　⑧禁止　⑨なさい　⑩依頼
⑪できるだけ　⑫強くない

△▼　§32　～とき　▲▽

◎ タスク

I　①～⑩の（　　　）の中に、□の適当な語を選んで入れなさい。⑪は［a, b, c, d］から二つ選びなさい。⑫は適当なことばを考えて入れなさい。

帰る、帰った、する、した

次の a.b.c.d の文の「とき節」の意味について考えてみよう。

「する前」の意　a. 来週、国へ（①　　　）とき、おみやげを買います。
b. 先週、国へ（②　　　）とき、おみやげを買いました。
「した後」の意　c. 来週、国へ（③　　　）とき、おみやげを家族にあげます。
d. 先週、国へ（④　　　）とき、おみやげをあげました。

「～とき」の文のテンスとアスペクトを考えると、上の例からわかるように、次の以下の４つの組み合わせが可能である。

a. ～（　する　）とき、～（　する　）。
b. ～（⑤　　　）とき、～（⑥　　　）。
c. ～（⑦　　　）とき、～（⑧　　　）。
d. ～（⑨　　　）とき、～（⑩　　　）。

上の４つの中で<u>学習者にとって特に理解しにくいのは、⑪［a, b, c, d］のタイプである。</u>「とき」を使う文ではすべての動詞が上のように整理されるとはかぎらない。たとえば「作る」について見ると、「料理を作るとき」は、「作る前」とも「作った後」とも「⑫　　　　　　　　」とも考えられる。

II　Ｉの文章の下線部分について。b、c のそれぞれの文で学習者が犯しやすい誤りは、どんな誤りか。

b：＿＿＿＿＿＿＿＿＿＿＿＿＿＿＿＿＿＿＿＿＿＿＿＿

c：＿＿＿＿＿＿＿＿＿＿＿＿＿＿＿＿＿＿＿＿＿＿＿＿

III　Ｉの文章の「料理を作るとき」と同じような例を挙げなさい。

＿＿＿＿＿＿＿＿＿＿＿＿＿＿＿＿＿＿＿＿＿＿＿＿＿＿

＿＿＿＿＿＿＿＿＿＿＿＿＿＿＿＿＿＿＿＿＿＿＿＿＿＿

◎ 授業の手順

～とき

▼「にほんご90日」第61課

1 《～とき、～》の例を示し、使い方を紹介する。
2 「とき」の前に普通形が来ること(ただし［な形容詞＋なとき、名詞＋のとき］)に注意させる。
3 「（国へ）帰るとき」「(国へ）帰ったとき」についてちがいを示す。
4 「～とき」の口慣らし練習をする。<形の練習>
5 運用練習をする。<文の練習>

◎ 用法導入のアイデア

用意するもの：ビニールテープ
①ボードにビニールテープを貼り、時間の流れを表す。学生に、いつ日本へ来たかきく。

②テープに印をつけて、学習者が答えた日付を書き、「来ました」のカードを貼る。「来ました」の右に「日本」、左に学習者の国を書く。テープの印の左を指して「日本に来るとき」、右を指して「日本に来たとき」と言う。

教師：日本へ来るとき、何を買いましたか。日本へ来たとき、何を買いましたか。

> **発展**
>
> ボード上のテープに小学生、中学生、高校生と入れ、そのころのことを話させる。
> 教師：生まれたとき、どんな赤ちゃんでしたか。（小学校のとき、高校のとき）
>
> 学習者一人を前に出し、「こんなとき、どうしますか。」とみんなに聞かせる。
> **例**：バスに乗って、お金がないときどうしますか。/いやなことがあったとき、どうしますか。

◎ ここに注意

●テンスとアスペクト

「とき」を使う文のテンスとアスペクトは大変わかりにくい。動詞により違いもあって一般化しにくいので、教える側にとっても難しい。どこまで説明するか、は学習者の理解力によって柔軟に変えた方がいいが、最低限<授業の手順>の3は説明しよう。<ここがわからない！>参照

●フォームの注意点

「とき」の前には普通形が来るが、《な形容詞＋なとき、名詞＋のとき》となることに注意させる。

●「ときに」「ときは」

必要に応じて「～とき」のほか、「ときに」「ときは」の例も示そう。

◎ ここがわからない！

■想定質問：「～へ行くとき」はいつですか。

【答え方】：「行く前、出発するすぐ前」です。

「～とき、…」は、特に動詞をとる場合、それが「辞書形」「た形」のいずれかによって、指し示す時点が異なる。また継続動詞には「～ているとき」の形もある。「辞書形」であっても、動詞の種類・性質によって「本を読むとき、めがねをかけます。」「ご飯を食べるとき、はしを使います。」のように「前」ではなく「間」を示す用法にもなるので注意が必要である。＜タスク＞参照

学習者にとって特にわかりにくいのは、「～するとき、～した。」と「～したとき、～する。」のタイプである。「先週、国へ帰るとき」は、先週で過去のことだから、「国へ帰ったとき」とする学習者が多い。また、「来週、国へ帰ったとき」は、来週で未来のことだから「帰った」はおかしいと考えられがちである。テンスとアスペクトについて混乱する学習者には次のようなことを説明しよう。

［注］「～とき」の前の文は、後の文の文末が現在形か過去形かということに関係なく、現在形にも過去形にもなる。つまり、文末が過去形でも現在形になったり、逆に、文末が現在形でも過去形になったりすることもある。

◎ 学習者が誤りやすい点

①「ひまなとき、ときどき映画を見ます。」

一見誤用のようではないが、日常生活において、“ひまなとき”があって、その“ひまなとき”を過ごす方法として、“ときどき”映画を見るという二重構造は、違和感がある。このような場合は、映画以外の例をもう一つ出させて、たとえば、「ひまなとき、映画を見たり、買い物したりします。」とするほうがいいと思われる。

②「私は本を読んでいるとき、リンさんは来ました。」

動作主が二（人／つ）のときには、「Aが～とき、Bが～」というように助詞は「が」をとる。この文を変形すると「Bは、Aが～とき、～」となる、「は／が」の扱いは難しいが、学習者がこの例のような誤りをおかしたときに、「～とき」の「～」の文の「は」を「が」にすることだけを指摘すればよい。

＜タスクの解答＞

Ⅰ　①帰る　②帰る　③帰った　④帰った　⑤する　⑥した　⑦した　⑧する　⑨した　⑩した　⑪b,c　⑫解答例：「作る前から後までずっと」「作っている間」など

Ⅱ　bを「先週国へ帰ったとき」、cを「来週国へ帰るとき」としてしまう誤り

Ⅲ　解答例：「ご飯を食べるとき、箸を使います」「勉強するとき、めがねをかけます。」　等

△▼　§33　条件の表現　▲▽
～と・～ば・～なら・～たら

◎ タスク

Ⅰ　a,b,c,d の中で一つだけ他と異なるものはどれか。

1「と」の使い方
a. このボタンを押すと、機械が止まります。
b. 恋人に会うといつも一緒に食事をする。
c. 薬を飲むと、痛みが止まった。
d. 甘い物を食べると太ります。

2「ば」の使い方
a. 値段が高ければ、買うのをやめよう。
b. 安ければ質が悪いというものでもない。
c. 熱が高ければ、この薬を飲みなさい。
d. 安ければ買いたいと思います。

3「たら」の使い方
a. 仕事が終わったら飲みに行こう。
b. お帰りになったら、お電話をください。
c. わからなかったら、聞いてください。
d. 読んだら、返してほしい。

4「なら」の使い方
a.「乗るなら飲むな」
b. 外国へ行くなら、その国の言葉を勉強しておくほうがいい。
c. たばこを吸うなら、あちらでどうぞ。
d. あ、学生さんですか。学生さんなら１割引きです。

Ⅱ　次の文はなぜ正しくないのか。理由を示せ。

1 晴れると出発してください。

____

2 晴れれば出かけましょう。

____

◎ 授業の手順

▼「にほんご90日」第61課

～と

▼「にほんご90日」第62課

1 《～と、～》の例を示し、使い方を紹介する。
2 口慣らしの練習をする。＜形の練習＞
3 運用練習をする。＜文の練習＞

～ば

▼「にほんご90日」第63課

1 《～ば、～》の例を示し、使い方を紹介する。
2 「ばの形」のフォームを示す。フォームの練習をする。
3 口慣らしの練習をする。＜形の練習＞
4 運用練習をする。＜文の練習＞

～なら

▼「にほんご90日」第64課

1 《～なら、～》の例を示し、使い方を紹介する。
2 ［な形容詞、名詞＋なら］の口慣らしの練習をする。＜形の練習＞
3 運用練習をする。＜文の練習＞
4 ［動詞＋なら］の例を示し、使い方を紹介する。
5 運用練習をする。＜文の練習＞

～たら／～なら

▼「にほんご90日」第65課

1 「～した後」の意の《～たら、》の例を示し、使い方を紹介する。
2 ［動詞＋なら］(前)と《～たら》(後)とを対照させながらちがいを示す。
3 2形の口慣らし練習をする。＜形の練習＞
4 2形の運用練習をする。＜文の練習＞

◎ 用法導入のアイデア

1　～と

用意するもの：イラスト（お酒を飲んでいる、顔が赤くなっている）

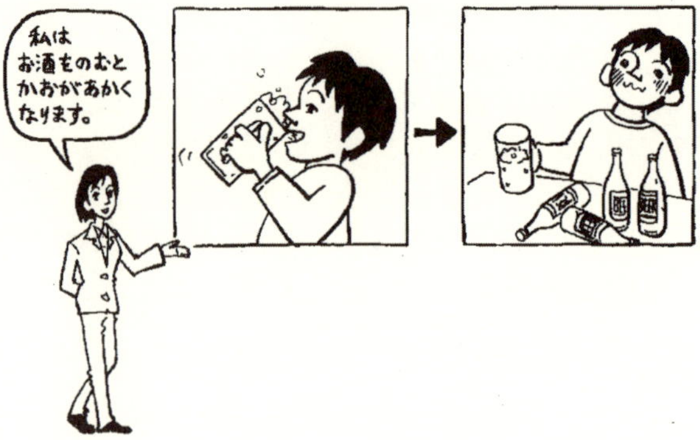

先にお酒を飲んでいるイラストを見せ、そのあとで、顔が赤くなっているイラストを見せる。

教師：田中さんはお酒を飲みました。顔が赤いです。（フレーズカードを貼る。）

お酒を飲みます。いつも、顔が赤くなります。

フレーズカードの「飲みます。」の上に「飲むと、」を貼る。「いつも」をとる。

教師：私はお酒をのむと、顔が赤くなります。

2　～たら

用意するもの：時計

①時計を授業が終わる時間にして、学習者に見せる。

教師：　勉強をしていますね。何時に授業が終わりますか。

学習者：12時半です。

教師：　はい、12時半です。何をしますか。

学習者：アルバイトに行きます。

教師：　12時半に授業が終わります。授業が終わったあとで、アルバイトに行きます。

（イラストカードを貼る。）

イラストカードの「終わったあとで」の上に「終わったら、」を貼る。

教師：授業が終わったら、アルバイトに行きます。

◎ ここに注意

●典型的な用法だけ

条件の表現「と・ば・たら・なら」の使い分けは非常に難しい。四つの用法を比べてみると、互いに重なる（言い換えられる）部分と重ならない（言い換えられない）部分がある。しかし、初級の学習者に使い方を全部示す必要はまったくないので、初級では、それぞれの典型的な使い方を紹介するにとどめるのが普通である。わざわざ違いを示す必要はないが、学習者が明らかな非文を作ったときや、学習者に用法の違いについて質問を受けたときは、なぜダメか、どこが違うかを文例で簡潔に説明しよう。ただし、説明は半分もわかってもらえないと思っていいだろう。「AとBは同じですか」という質問も多いが、微妙な違いについて細かい説明を試みるのはやめよう。多少の不自然があるにしても、まあどちらを使ってもいいと判断したら、「大きな違いがない」と寛大に指導しよう。＜ここがわからない！＞参照

◎ ここがわからない！

■想定質問：「安かったら、買います。」と「安ければ、買います。」は同じですか？

【答え方】：はい、同じです。どちらを使ってもかまいません。

「と・ば・たら・なら」の使い分けは難しいため、「にほんご90日」では、第42課で「ても」と対比する形で「たら」を、第62課で「と」、第63課で「ば」、第64課で「なら」、というように、別々に導入する構成としてある。条件の表現のうち、特に「～たら」と「ば」の用法の類似が学習者には気になるようだが、学習者にあれこれ説明してもかえって混乱するし、たとえ理解できても定着、運用はとても望めないので、どちらも使えるものには「どちらでもいい」という対応をした方が、学習者も恐れずに使ってくれる。

◎ 学習者が誤りやすい点

①「薬を飲めば、治りました。」

「条件」の表現は、通常、現在時制か未来時制となり、過去時制となることは少ない。また、「授業が終われば、一緒に映画を見ましょう。」「夏休みになれば、旅行するつもりです。」のように、文末に「勧誘」「意志・予定」「要求・依頼・命令」などの表現も来ない。ただし、

・「たら」には、この文末の制限がない。また「たら」には条件以外の用法もあり、その場合は過去時制ともなる。

・「と」は、きっかけ、発見を表す場合、文末に過去形も使われる。

例：トンネルを抜けると、そこは雪国だった。
　　店員に聞くと、ていねいに教えてくれた。

・「ば」は、前件が状態性の場合は文末に意志・要求などの表現も用いられる。

例：×晴れれば、出かけましょう。 ○天気がよければ、出かけましょう。

②「明日、雨なら、いやだな。」

「なら」の後に「感情」を表す動詞がくると不自然になりやすい。「明日、雨だといやだな」は問題がない。同様に、「一人なら寂しいです。」「雨なら悲しくなります。」なども、「なら」を使う例として適当ではないので、適宜訂正する必要がある。

＜タスクの解答＞

Ⅰ　1c（過去のこと。1回のこと。　a,b,d は恒常条件「Aの結果は必ずBになる」の意）
　　2b（恒常条件。a,c,d は「～場合には」）
　　3c（「～場合には」。a.b.d は「後で」の意）「たら」の使い方
　　4d（「前提、確認」、a,b,c は時間的な関係で後件が「前」を表している）

Ⅱ　＜学習者が誤りやすい点＞参照

△▼　§34　伝聞の表現　▲▽
～そうだ

◎ タスク

次の問に答えなさい。

聞いたこと、読んだことを伝えるとき、私たちはいくつかの表現方法を使う。「らしい」もその一つだが、①「台風が来るそうだ」と②「台風が来るらしい」との違いはどんな点にあるだろうか。相違点を挙げ、200字ぐらいで簡潔に述べなさい。

◎ 授業の手順

～そうです（伝聞）

▼「にほんご90日」第66課

1 《～そうです》(伝聞)の例を示し、使い方を紹介する。
2 「そう」の前が普通形であることに注目させ、口慣らしの練習をする。<形の練習>
3 《～によると、～そうです》を例で示す。口慣らしの練習をする。<形の練習>
4 運用練習をする。<文の練習>

◎ 用法導入のアイデア

～そうです

①学習者に天気予報を見たかどうか聞く。見なかったと答えた人に教師は予報の内容を伝える。「明日は晴れるそうです。」フレーズカードを貼る。次に、ニュースを見たかどうかを聞く。見なかったと答えた人に「～（その学習者の国）で地震があったそうですよ」と言う。（ニュースは真実でなくてよい）フレーズカードを貼る。

②「伝える」ことをはっきり示すために、右から聞いて左へ伝えるイラストを見せる。（例：「にほんご90日」第66課 文の形）

③「そう」の前が普通形になることを確認する。
「明日は晴れるそうです」
「明日は晴れだそうです」
「明日は天気がいいそうです」

発展

二人でペアになり、お互いの出身地の風習について聞き（日本語でなくてもよい）、それをみんなに知らせる。聞いたことをタスクシートに記録しておく。
学習者；スミスさんの話によると、結婚式で結婚する二人がダンスをするそうです。

◎ ここに注意

●「伝聞」とは「伝える」行為

「伝聞」というのは、実は「聞伝」「読伝」で、「聞いたこと、読んだことを人に伝える」ことであり、「伝える」ことが重要である。「そうです」の機能は「伝えること」であるから、使い方の導入の際には「伝える」行為を強調する必要がある。たとえば、特定の学習者の前に行って、「～さん、知っていますか。……そうです（よ)。」と、<報告する>かたちにすれば、はっきりする。また、運用練習では「だれかに伝える」行為を学習者にやってもらおう。教科書を見ながら「～そうです」と言わせるだけでは運用練習の意味がない。

●**情報源の言い方**

情報がどこから来たか（人の話、ニュース、マスコミ等）を言う表現はいろいろある。「～によると」は少し固いけれど一般的。会話らしい表現としては「（人）から／（ニュース）で　聞いたんですが／聞いたんだけど」「（人）が／（ニュース）で　言ってたんですが／言ってたんだけど」などもあるので、余裕があれば導入してみよう。＜ここがわからない！＞参照

◎ ここがわからない！

■**想定質問：「北海道では雪がたくさん降っているそうでした。」は、いいですか？**

【答え方】：いいえ。その場合は、「北海道では雪がたくさん降っていたそうです。」がいいでしょう。

「伝聞内容」が過去時制の場合には、「～そう」の前が過去時制となる。また、「そうでした／そうでは　ありません／ありませんでした」のように後ろが過去形となる文は、「伝聞」の表現では用いないことに注意が必要である。一方で「様態」の「そう」は「そうでした／そうではありません／ありませんでした」という形にもなるので混乱しやすい。「伝聞」の場合は、すべて「～そう」の前の部分を変化させることに注意して練習などを組み立てる必要がある。

◎ 学習者が誤りやすい点

①「パクさんによると、パクさんの国は今寒いそうです。」
「Nによると」は、「情報の出所」を表す。この例も、一見誤用ではないが、「非用」の１つである。「伝聞内容」が「情報の出所」と重複する場合、あえて「Nによると」を使わないことに注意しておいたほうがいいだろう。

②「プレゼントをもらって、ヤンさんはうれしかったそうです。」
これは誤用ではない。「感情形容詞」は、通常一人称にしか使えないが、「そう／よう／らしい」の前なら３人称にも使える。

＜タスクの解答＞
「台風が来るそうだ」は、テレビや新聞で「台風が来る」という情報を得て、それをそのまま伝えている。伝えるのは得た情報だけで、話者の推測や判断は含まれない。「台風が来ると聞きました／と書いてありました」に置き換えられる。一方「台風が来るらしいです」は話者と情報との間に距離があり、離れた印象がある。情報を自分で直接にキャッチしたのではないかもしれないし、チラッと聞いただけであまり確実な情報ではないと思っているのかもしれない。また、他から来た情報に話者の推測や判断を加えて伝える場合も多い。

△▼　§35　様態の表現　▲▽
～そうだ

◎ タスク

Ⅰ「そう」の用法が他と異なるものを一つ選びなさい。

1 a. 天気が悪くなりそうだ。
b. この水は飲めそうだ。
c. 何か問題がありそうだ。
d. お元気そうで、何よりです。

2 a. なんとか合格できそうだ。
b. ポケットからさいふが落ちそうだ。
c. 寒くて風邪をひきそうだ。
d. まだ１週間ぐらいかかりそうだ。

3 a. 買えそうな値段
b. 不満そうな態度
c. おもしろそうなドラマ
d. 悪いことが起こりそうな予感

Ⅱ　次の文はなぜ誤りなのか。

1 あの人は学生そうです。

____

____

2 すみません。ちょっと遅れるけど、６時までには行きそうです。

____

____

Ⅲ「ない」＋「そう」はどんな形になるか。

①「熱はない」＋「そうだ」＝______________________________

②「降らない」＋「そうだ」＝______________________________

◎ 授業の手順

～そうです（様態）
▼「にほんご90日」第67課

1《～そうです》（様態）の例を示し、使い方を紹介する。
2「そう」の前が普通形であることに注目させ、口慣らしの練習をする。＜形の練習＞
3 運用練習をする。＜文の練習＞

◎ 用法導入のアイデア

1 形容詞＋そうです

用意するもの：おいしそうに見える食べ物（ケーキ、写真でもいい）、ビデオ（恋人と別れた人、優勝した人）、写真またはイラスト（砂漠を歩いている人、汗をかいている人）

ケーキを見せる。学習者の近くへ持っていって、おいしいかと聞く。
教師：　どうですか。おいしい？　まだ食べていませんから、わかりませんね。でも、見ます。おいしそうです。（リピートさせる。）食べてみください。
学習者：おいしい。
教師：　食べましたから、わかりますね。おいしいです。食べる前は、「おいしそうです」
フレーズカードで確認し、接続を示す。

2　動詞＋そうです

用意するもの：写真（泣き出しかけている顔、がけの上にせり出した車、真っ黒の空、相撲、など）
①がけからせりだしている車の写真を見せる。
教師：　この車はどうですか。
学習者：あぶない。落ちます。
教師：　落ちそうです。まだ落ちませんが、もうすぐ落ちる、落ちる……。
「落ちそうです」フレーズカードを貼る。

②他のイラストも見せてフレーズカードを貼った後、「そう」の前がます形であることを示す。伝聞の「そう」とのちがいを確認する。

> **発展**
>
> クラスメートを見て、「～そうな人」を言う。
> 早く結婚しそうな人/社長になりそうな人/お酒をたくさん飲みそうな人

◎ ここに注意

●「そう」（様態）の用法

①「今の様子」形容詞、状態性の動詞に接続。

例：外は寒そうだ。お元気そうですね。
問題がありそうだ。彼女は事情をよく承知していそうだ。この水は飲めそうだ。

②「予測」動作動詞に接続。「今はまだ起こっていないが、先で起こる可能性がある」という意。さらに a「もうすぐ」と b「今すぐ、今にも」に分かれる。どちらも近い未来であるが、a のほうに少し時間的余裕があるのに対して、bではすぐ後に迫った感じがする。

例：a「天気がよくなりそうだ」b「屋根から瓦が落ちそうだ」

注意：主体が第３者なら意志動詞も用いられるが、話者自身のことに意志動詞は用いられない。（「そう」は話者が見たり聞いたり感じたりして得た印象であり、「そう」の前に来るのは話者にはコントロールできない事柄である。）

例：○あの二人は結婚しそうだ。
×私は来年結婚しそうだ。
○私は来年結婚できそうだ。／私は来年結婚することになりそうだ。
＊可能動詞も「なる」も意志動詞ではない。

●フォームに注意

「伝聞」と接続形を混同しないように指導しよう。様態の「そう」は接続形をまちがえやすいので注意。

い形容詞	おいしいそうだ vs おいしそうだ	いいそうだvs よさそうだ
な形容詞	元気だそうだ vs 元気そうだ	
動詞	降るそうだ vs 降りそうだ	
名詞	欠席だそうだ　――――――	

●「そう」は［な形容詞］

「そう」は［な形容詞］の変化をするので、「そうな」「そうに」「そうで」などの形でもよく使われるが、初級では「そうです」だけに限定することが多い。

31-35

◎ ここがわからない！

■想定質問：「雨が降るそうです。」と「雨が降りそうです。」は、どう違いますか？

【答え方】：「（普通形）＋そうです」は、他の人などから聞いたことを言う場合に使います。ですから、「雨が降るそうです。」は、だれか他の人や、天気予報で「雨が降る」というのを聞いて、それをまた他の人に言うときに使います。「（動詞ます形／い形容詞（－い）／な形容詞）＋そうです。」は、実際に見て、思ったこと、感じたことを言います。ですから、「雨が降りそうです。」は、暗い空を見て「雨が降る」と思ったときなどに言います。

「伝聞」と「様態」の「～そうです」は、イラストを用いるのが有効である。

◎ 学習者が誤りやすい点

①「伝聞」の「～そうです」との混同

「～そうです」の前が「普通形」になるのか、「動詞ます形／い形容詞（－い）／な形容詞」になるのかは間違えやすい。例えば「降るそう－降りそう」「おいしいそう－おいしそう」「ひまだそう－ひまそう」などは、耳で聞いても聞き分けがしにくいので聞き分け練習から必要になる。さらに進んだ練習では、単なる口頭ドリルではなく、ロールプレイや状況判断練習などを取り入れて工夫してみるといいだろう。

②「ブラウンさんは元気そうだったです。」

この段階になると、「丁寧体」と「普通体」が頻繁に出てくるため、このような誤用例が出現し得る。「そうです－そうでした」の定着練習にも時間をかけたい。

③「キムさんは病気そうです。」

「様態」の「～そうです」は、名詞には接続しない。名詞に接続するのは、「～のよう／らしい」。接続については＜ここに注意＞参照

＜タスクの解答＞

Ⅰ　1 a（「予測」。b.c.d は、「今の様子」）
　　2 b（「今にも」と迫っている意。a,c,d は、「予測」）
　　3 d（「予測」。a,b,c は、「今の様子」）

Ⅱ　1「そう」は、「伝聞」も「様態」も名詞に直接接続することはない。「学生だそうです」は正しいが、意味は「伝聞」になる。
　　2「行く」人が第三者なら可能だが、「私」なら「行けそう」と可能形にする。
　　「予測」の用法では、「私」に関することの場合は無意志性の動詞が来る。

Ⅲ　①「熱はない」＋「そうだ」＝熱はなさそうだ
　　②「降らない」＋「そうだ」＝降りそうもない、降りそうにない、降りそうにもない、降らなさそうだ

△▼　§36　推量の表現　▲▽
〜よう・〜らしい・〜はず

◎タスク

Ⅰ　用法の異なるものを一つ選びなさい。

1「よう」の用法
a. この生地はどうも麻のようだ。
b. 日本列島は真夏のような暑さに見まわれている。
c. 彼女は家にいないようだ。
d. ちょっと軽率だったように思う。

2「らしい」の用法
a. 成績がよければ奨学金がもらえるらしい。
b. あの人はアメリカ人らしい。
c. 日本人らしい日本人ってどんな人。
d. 何かいいことがあったらしい。

3「はず」の用法
a. 彼、アメリカで大学を出たんだって。道理で英語がうまいはずだ。
b. 連休中だから、どこも込んでいるはずです。
c. もうそろそろ涼しくなるはずなんだが。
d. この薬を飲めばすぐよくなるはずです。

Ⅱ　（　　）に入る語を語群から選んで入れなさい。同じものを何度使ってもよい。

ようだ　らしい　はずだ　そうだ　直接的　間接的

推量を表す「ようだ」「らしい」「はず」の用法を比べると、最も確信の度合いが高いのは「(①　　　　)」であり、もっとも確信度が低いのは「(②　　　　)」である。たとえば、天気予報を見た後で情報の内容を予報を見なかった人に伝える場合は、「明日は雨になる（③　　　　）。」と言うだろう。しかし、今いっしょに天気予報を見ながら、二人の一方が相手に言う場合は「明日は雨になる（④　　　　）ね。」と言うだろう。このように「(⑤　　　　)」は「伝える」機能を持たない。一方、自分は予報を見ていないが、人が「明日どうする？行く？天気がちょっとねえ。」と言っているのを聞いた後で、だれかに天気の話をするのなら、「明日は雨になる（⑥　　　　）。」と言うだろう。これは得た情報が（⑦　　　　）で、話者自身が自分の判断を加えて話す場合である。「らしい」と違って「(⑧　　　　)」は、今実際に見たり聞いたりしている場面で使われることが多い。

◎ 授業の手順

～ようだ
▼「にほんご90日」第68課

1 《～ようです》の例を示し、紹介する。
2 「よう」の前に普通形（ただし［名詞＋のよう］）が来ることに注目させ、口慣らしの練習をする。<形の練習>
3 運用練習をする。<文の練習>
4 バリエーションとして《～ように思います》を紹介する。
5 運用練習をする。<形の練習>

～らしい
▼「にほんご90日」第69課

1 《～らしいです》の例を示し、紹介する。
2 「らしい」の前に普通形（ただし［名詞＋らしい］）が来ることに注目させ、口慣らしの練習をする。<形の練習>
3 運用練習をする。<文の練習>

～はずだ
▼「にほんご90日」第70課

1 《～はずです》の例を示し、紹介する。
2 「はず」の前に普通形（ただし［な形容詞＋な］、［名詞＋のはず］）が来ることに注目させ、口慣らしの練習をする。<形の練習>
3 運用練習をする。<文の練習>

◎ 用法導入のアイデア

用意するもの：イラスト（ヤンさん、ラーメン屋：客が並んでいるところ、出てきた客２人が話しているところ、並んでいる客、中国人がラーメンを作っているところ、ヤンさんがラーメンを食べているところ）吹き出し（「この店はおいしいよ」「また来よう」「料理を作る人は中国人です」）

①「よう」客が並んでいる店のイラストを貼る。ヤンさんに吹き出しをつける。
ヤン（教師）：みなさん、あの店を見てください。お客さんが大勢並んでいますね。あの店は、おいしいようですね。

②「らしい」出てきた客のイラストを見せる。
ヤン（教師）：お客さんが出てきました。何か話していますよ。「また来よう」と言っています。
ヤン（教師）：あの店はおいしいらしいです。

③「そう」並んでいる客のイラストを見せる。
ヤン（教師）：お客さんに聞いてみましょう。すみません。この店はおいしいですか。
「おいしいですよ」の吹き出しをヤンさんが聞いた客に貼る。

ヤン（教師）：みなさん、この店はおいしいそうです！料理を作る人は中国人だそうです。

④「はず」中国人の料理人のイラストを見せる。料理人の経歴（上海から来た、賞をもらった等）を言う。

ヤン（教師）：この店は有名な料理人チンさんの店です。チンさんの料理は有名です。だから、この店はおいしいはずです。

⑤ヤンさんが食べているイラストを見せる。

ヤン（教師）：おいしいです。ほんとうにおいしいです！

◎ ここに注意

●違いについての説明は用例で簡単に。

多くの類似表現がそうであるように、「よう」と「らしい」は置き換えてもそれほどの影響がないという場合がある。この二つには、「そう」（伝聞、様態）と近い用法もある。これらの使い分けについて初級レベルの学習者に「説明」によって納得してもらうのには、無理がある。ただ、質問を受けた場合のために、タスクⅡのような具体的な例を用意してやさしい言葉で違いを示えるよう準備をしておかなければならない。「はず」は「きっと／必ず そうなるだろう」という確信に近い表現で、そう確信する根拠がある。「はず」の用例には、その根拠も一緒に示すのがよい。ただし、「と・ば・たら・なら」と同様に、違いについての説明には深入りしないようにしよう。基本的に大らかに指導したい。＜ここがわからない＞参照

●接続形に注意

それぞれ普通形に接続するが、「元気なよう／はず、学生のよう／はず」「元気らしい、学生らしい」と変化があるので間違えやすい。

◎ ここがわからない！

■想定質問：「おいしそうです。」と、「おいしいようです。」は同じですか？

【答え方】：だいたい同じですが、使い方に注意が必要です。料理を今見ているとき、そして、食べたいと思うとき、「おいしそうです。」と言います。でも、「あの店の料理、どうでしょうか。」のような質問に答えるときには、「わかりませんが、おいしいようですよ。」がいいでしょう。

説明しにくい質問の１つである。他の例で考えてみても、「雨が降りそうです」と「雨が降るようです」では、前者は直接的、後者はやや間接的で客観的である。言葉だけで説明するのではなく、場面設定を明確にして、両者を対比する作業が必要となるだろう。（例「空を見てください。ほら、黒い雲が出ています。雨が降りそうです。」「さっき、駅でかさを持っている人がたくさんいました。今日は雨が降るようですね。」）

◎ 学習者が誤りやすい点

①「明日雨が降るらしいです。」
これも、誤用ではないが、「伝聞」の「そう」と混乱しないように注意した方がいい文例である。「にほんご90日」では、「類推」の「らしい」を中心に取り上げてあるが、「らしい」は、「よう」とも「伝聞」の「そう」とも重複する部分が多いので文例の選択に注意しなければならない。

②「私は来週国へ帰るはずです。」
原則として、一人称、二人称の現在形には「～はずです」を使うことはできない。ただし、「その予定だったができなかった」意を表す過去時制には使うことができる点も、認識しておいた方がいいだろう。(例「私は先週国へ帰るはずだったんですが、飛行機事故があって帰れませんでした。」)

<タスクの解答>
Ⅰ　1b　2c　3a　　Ⅱ①はず　②らしい　③そうだ　④ようだ　⑤ようだ　⑥らしい　⑦間接的　⑧ようだ

△▼　§37　～たばかり・～ところ　▲▽

◎ タスク

I　次の４つの表現型がどんな「時」の副詞と合うかをチェックしよう。

○合う（一緒に使われる）　×合わない（一緒には使われない）
△不自然

	最近	ちょっと前に	これから	今	たった今	まだ
～るところ						
～ているところ						
～たところ						
～たばかり						

II　次の２文の違いについて説明しなさい。

① サリさんはカメラを買ったばかりです。
② サリさんのカメラは買ったばかりです。

◎ 授業の手順

～たばかり
▼「にほんご90日」第71課

1《～は～たばかりです》の例を示し、意味・使い方の紹介をする。
2　口慣らしの練習をする。＜形の練習＞
3　運用練習をする。＜文の練習＞

～ところ
▼「にほんご90日」第72課

1《辞書形＋ところです》の例を示し、意味・使い方の紹介をする。
2《ている＋ところです》の例を示し、意味・使い方の紹介をする。
3《た形＋ところです》の例を示し、意味・使い方の紹介をする。
4　３形を順に言う練習をする。＜形の練習＞
5　運用練習をする。＜文の練習＞

◎ 用法導入のアイデア

用意するもの：ビデオ（バンジージャンプ）、ビデオの各場面の写真またはイラスト
（映画のフィルムのようにコマを続けた巻紙を作る。ポイントとなる場面の写真を貼る。ポイントとなる場面と場面の間に空欄のコマを入れる。）

①ビデオを見せる。
　教師：すごいですね。私は写真を撮りました。見てください。

②巻紙を伸ばして貼る。跳ぶところのコマの写真を外して、見せる。
　教師：これは、これから跳びます、これから跳ぶところです。（リピートさせる）
跳んでいるところの写真を外して、
　教師：これは、今跳んでいます、今跳んでいるところです。（リピートさせる）
跳んだところの写真を見せる。
　教師：これは、跳びました、跳んだところです。（リピートさせる）

③外した写真を学習者に元のフィルムのコマの中に戻して、貼らせる。
　教師：　Ａさん、この絵はどこですか。フィルムに貼ってください。
　　　　　Ａさん、どうしてそこに貼りましたか。
　学習者Ａ：これは、これから跳ぶところですから、ここです。

以下、同様にして写真を元に戻させる。

◎ ここに注意

●「たばかり」の構文は二つ

「～たばかり」の「～し終わった直後」という意味は理解しにくくはない。しかし、二つのタイプの文があり、その違いに気づく学習者もいるかもしれない。

①サリさんは、カメラを買ったばかりです。
②サリさんのカメラは、買ったばかりです。

36-40

①②の違いは<取り立て>の違いで、①は、買った主体を取り立てて「その行為をした直後だ」と言っている。一方、②は、買った対象（買われた物）のほうを取り立てているから構造的には逆で、「サリさんのカメラは買われたばかりです」という文なら納得できると言う学習者もいるかもしれない。この「は」は「～について言うと」という取り立ての機能を持つ。「サリさんのカメラは、買ったばかりです」は、「サリさんのカメラについて言うと、（サリさんはそのカメラを）買ったばかりです。」と補って考えるといい。

●「～たばかり」vs「～たところ」

この二つも置き換え可能な場合もある類似表現である。混乱を避けるために、使い方を示すときは、置き換えできないような用例を使ったほうがよい。

置き換えられない例には次のようなものがある。

例　先月結婚したばかり（×ところ）で、新婚ホヤホヤです。

◆「たところ」は客観的な直後を表すが、「たばかり」の「すぐ（後）」は話者の主観による。

例　「生まれたばかりの赤ちゃん」「オープンしたばかりの店」（×ところ）

◆「～たところの～」と名詞を修飾する形は使われない。一方、「～たばかりの～」は用いられる。

例　「このくつは買ったばかりで、まだ新しい。」「さっきご飯を食べたばかりだから、おなかがいっぱいです。」「日本に来たばかりなので、日本語がわからない」（×ところ）

例　「買ったばかり（×ところ）なのに、もうこわしちゃった」「食べたばかり（？ところ）なのに、また食べてる！」

◆「たばかり」には「まだ～してからあまり時間がたっていない状態にある」と述べる感じがある。「だから／なのに～」ということを含んでいることが多い。一方「たところ」は「ちょうど今～した」と、「した直後」を強調するが、「だから／なのに どうだ」というようなことはあまり含まれない。

日本語ネイティブスピーカーから見ると、「たばかり」には「まだ」がよく合い、「たところ」には「ちょうど今／たった今」が合う、という説明がわかりやすくていい。しかし、学習者に対しては、「まだ」や「ちょうど今」を正しく解釈していないかぎり、有効な説明手段とはならない。

◎ ここがわからない！

■想定質問：「～ところ」「～ているところ」「～たところ」の違いは、何ですか？

【答え方】：「ある動作のどの時点であるかが、違います。「～ところ」は「ちょっと前」、「～ているところ」は「途中」、「～たところ」は「すぐ後」です。

これには、「にほんご90日」Ⅲ 第72課のイラストがそのまま説明に使える。図示することで理解は容易となるであろう。学習者の理解度が良好であれば、「～とき、…」（§32）と対比、整理してみるのもよいだろう。

◎ 学習者が誤りやすい点

①「雨が降るところです／降っているところです／降ったところです。」
「～る／ている／た　ところです」は、通常、話者の行為について使うことが多いので、そのように、導入、練習の文例をコントロールする必要がある。この誤用例の場合には、「雨が降りそうです／雨が降っています／雨が降りました。」に、それぞれ訂正すればいいだろう。

②「私は去年日本に来たばかりです。」
話者の意識の問題であるが、「～たばかりです」が、一般的な認識より長い期間に使われたならば、指摘した方がいいだろう。（例「私は３年前に日本に来たばかりです。→私は３年前に日本へ来ましたが、まだ……。」）

③「するところ」と「しているところ」
「するところ」が英語の「be ～ing」だと思って「しているところ」と混同してしまう学習者がいるので、要注意。「するところ」は時間的に「前」だということを確認しておこう。

＜タスクの解答＞　（解答例）

Ⅰ

	最近	ちょっと前に	これから	今	たった今	まだ
～るところ	×	×	○	○	×	×
～ているところ	×	×	×	○	×	△
～たところ	×	○	×	○	○	×
～たばかり	○	○	×	○	○	○

Ⅱ　＜ここに注意＞の項を参照

△▼　§38　名詞化「の」　▲▽
～のは・～のが・～のを・～のに

◎ タスク

I　次の１～４の問いに答えなさい。

1「漢字を覚えるのは大変です」のような《Aのは、B》という文のBには、どんな文が来るか。用例を３つ作りなさい。

______

______

______

2「息子が走ってくるのが見えた」のような《Aのが、B》という文のBには、どんな文が来るか。用例を３つ作りなさい。

______

______

______

3「カギをしめるのを忘れた」のような《Aのを、B》という文のBには、どんな文が来るか。用例を３つ作りなさい。

______

______

______

4「学校へ行くのに東西線を利用している」のような《Aのに、B》という文のBには、どんな文が来るか。用例を３つ作りなさい。

______

______

______

II　「の」の使い方が一つだけ他と違うものはどれか。

1 a. 人前で話すのは難しいです。
b. 一人で暮らすのはさびしいものだ。
c. あなたのは私のよりいいです。。
d. お別れするのは残念です。

2 a. たくさん働いているのに、お金がたまらない。
b. イチゴを食べるのに、このスプーンが便利だ。
c. 写真を撮るのに、許可がいるんですか。
d. 書類をもらうのに、お金がかかります。

◎ 授業の手順

▼「にほんご90日」第78課

～のは

1 《～のは、～》の例を示し、紹介する。
2 「～の」が名詞と同じ働きをすることに注意させる。
3 口慣らしの練習をする。<形の練習>

～のが

1 《～のが、～》の例を示し、紹介する。
2 口慣らしの練習をする。<形の練習>

～のを

1 《～のを、～》の例を示し、紹介する。
2 口慣らしの練習をする。<形の練習>

～のに

1 《～のに、～》の例を示し、紹介する。
2 口慣らしの練習をする。<形の練習>
3 形の運用練習をする。<文の練習>

◎ 用法導入のアイデア

用意するもの：「は」「が」「を」「に」「の」と書いたカード、イラスト（リンさん、リンさんが泣いている、ナイフ、ナイフでパンを切る）

①学習者に「は」「が」「を」「に」と書いたカードを配る。教師は「～は＋形容詞」「～が形容詞・見える・聞こえる」「～を見る・聞く・忘れる・待つ・やめる」「～にいい・便利・使う・～かかる」の例文を言い、どの助詞を使うかを、学習者にカードで示させる。一人ずつ言わせたり、一斉に答えさせたりする。

教師：　リンさん　＊見ました。
学習者：　を　（「を」のカードを出す。）

②さらに、「の」と書いたカードを配って、「の」と「は」「が」「を」「に」のどれかを出すように指示し、①と同様のことをする。

教師：　リンさんが泣いている　＊見ました。
学習者：　のを　（「の」と「を」のカードを出す。）

③どうして「の」が必要かを考えさせる。「文＋の」となることを引き出す。

④①と②の場合を混ぜて練習する。

教師：　このナイフ　＊いいです。
学習者：　は　（「は」のカードを出す。）
教師：　このナイフはパンを切る　＊便利です。
学習者：　のに　（「の」と「に」のカードを出す。）

⑤一人の学習者に「〇〇のは」まで言わせて、あとを他の学習者に言わせる。

発展

いくつかの例文の助詞の前と後の句を分けて、壁に貼る。助詞「のは」「のが」「のを」「のに」のカードも貼っておく。学習者に、それらを合わせて、文を作らせる。1分間にどれだけ正しい例文が作れるかグループで競争させる。

◎ ここに注意

●動詞文を名詞化する「の」

この課で導入する「の」は、動詞文を名詞に変える働きをする「の」で、名詞であるから、当然次のような姿になる。(<タスクの答え>参照)

①「～のは、～」……「は」を伴って「主体(主語)」になる。
②「～のが、～」……「が」を伴って「すき／上手／見える／わかる」などの「対象」になる。
③「～のを、～」……「を」を伴って動作の「対象（動詞の目的語)」となる。
④「～のに、～」……「に」を伴って行為の目的などを表す「補語」となる。

助詞の前の「名詞」が一語ではなく長くなるので、学習者は難しく感じるだろうが、①～④は構造的には簡単であるし、もう導入済みで困難はないはず。ただし、文の構造を教師がすっきりと示さないと、混乱する学習者も出る。文型カードや板書に工夫をしよう。

◎ ここがわからない！

■想定質問：「歩くのは健康にいいです。」「歩くことは健康にいいです。」は同じですか？

【答え方】：はい、同じです。どちらを使ってもかまいません。

この質問の例では「の」と「こと」は互換できる。しかしできないことも多く、それを初級の学習者に示して使い分けを定着させるのには少々無理がある。しかし、名詞化の「の」と文末の強調の「の」との混同は指摘した方がいい。誤用例には、たとえば「私の趣味は本を読むのです」というような文がある。「文＋のです。」は、「んです」となる「説明・強調」の用法で、名詞化の「の」とは別のものであるから注意しなければならない。

◎ 学習者が誤りやすい点

①「の」の脱落

「昨日、宿題をするを忘れました。」のように、「の」が脱落してしまう例がよく見られる。特に「のを」「のに」の文例で注意が必要である。また、逆に「のを」の場合には、発音が同化、長音化して［noː］となりがちなため、ディクテーションの際に書き取れないことがある点にも注意したい。

②「私は新宿へ行くのに、地下鉄が便利です。」
一般的事柄を述べる場合の表現では、一人称を用いないことに注意が必要である。特に、「動作主」を明言する言語を母語とする話者は、このような誤用をする可能性がある。

＜タスクの解答＞
Ⅰ　1「(～のは、) おもしろい／楽しい／難しい／よくない／たいへんだ／やめたほうがいい／ばかげている」
評価や判断を表す文
2「(～のが、) すきだ・きらいだ／上手だ・下手だ／見える・聞こえる／わかる」　対象を「が」で示す文。
＊A、Bが同じ主体なら「動詞文＋ほしい・たい」は「～したい」となる。
＊「できる」は「こと」を伴う。「×のができる」「〇ことができる」
3「(～のを、) 見る／感じる／知る／忘れる／やめる」知覚動詞など。
＊「～のを」になるか、「～ことを」になるか、複合動詞になるか、など、使い分けが難しく、間違えやすい。
4「(～のに、) ～がいい／～が～便利だ／～が必要だ／～が要る／～を使う／（時間・費用）（が）かかる
Ⅱ　1c (「名詞＋の」で「(あなた) の物」。a, b, dは「動詞文＋の」→名詞)
2a (逆接。b, c, dは「動詞文＋の」→名詞)

△▼　§39　比喩の表現　▲▽
～よう・～みたい

◎ タスク

I　使い方が一つだけ他と違うものは、どれか。

1「よう」の使い方
a. 合格できるようにがんばろう。
b. 遅れないようにしてください。
c. ネコのようにしなやかに地球を歩こう。
d. なるべく運動をするようにしましょう。

2「みたい」の使い方
a. それが本当なら、夢みたいだ。
b. あの二人はどうもあまりうまくいっていないみたいだ。
c. 今日は台風みたいな天気だ。
d. なんてやさしいんだ。まるで天使みたいな人だ。

II　「よう」と「みたい」の意味、用法、文法などについて

1 共通点を挙げなさい。

____

____

____

2 相違点を挙げなさい。

____

____

____

◎ 授業の手順

▼「にほんご90日」第81課

～のよう

1《～のよう》の例を示し、使い方を紹介する。
2「ようだ／ような／ように」の接続の違いに注意させる。

～みたい

1《～みたい》の例を示し、使い方を紹介する。
2「みたい／みたいな／みたいに」の接続の違いに注意させる。

口慣らしの練習をする。＜形の練習＞
運用練習をする。＜文の練習＞

◎ 用法導入のアイデア

用意するもの：女性の写真（目鼻立ちがはっきりしている人、細くて静かな感じのする人、明るくてかわいらしい人など）、花の写真（ばら、ゆり、ひまわりなど）

①花の写真を貼る。女性の写真を一枚ずつ見せて、どの花のイメージが合うか聞き、合った写真を並べる。

教師：この人はきれいですね。（花の写真を示して、）この人は「ばら」です。

学習者の反応を見て、

教師：この人は人間です。ばらではありませんね。この人は「ばら」のようです。

「よう」を強調する。同様に他の組み合わせを「ようです」を使って言わせる。
フレーズカードで確認する。

②同様に、「この人はきれいです。ばらのようにきれいです。」と言わせて、「ように」を示す。

③ほかのわかりやすい比喩の例をイラストで示す。

例：美しい景色を見ている人、頭の吹き出しに「絵」（「にほんご90日」第81課 文の形のイラスト参照）

発展

①学習者に「○○ような□□をしてください/○○のように△△してください」と言ってやらせる。、学習者同士のペアワークに発展することもできる。

例：「泣いているような顔をしてください」
「お酒を飲んで酔っぱらっているように歩いてください」

②各国の慣用的な比喩を紹介し合う。

◎ ここに注意

●活用と接続形に注意

「似ている／近い」という意味の「よう」「みたい」は意味的には難しくないが、活用があるので、その練習を十分にする必要がある。どちらも「な形容詞」としての活用をし、名詞の前で「〜な」、動詞と形容詞の前で「〜に」となる。どちらも名詞に続くが「〜のよう」となるのに対して「〜みたい」となる。

◎ ここがわからない！

■想定質問：「あの男の人は、男みたいですね。」はいいですか？

【答え方】：　いいえ。「〜よう／みたい」は“本当はそうではないけれど、そのように見える、近い、似ている”という意味です。ですから、「あの女の人は、男みたいですね。」なら、いいです。

「比喩」の表現は、“何を何に喩えるか”がポイントとなる。従って、クイズなどを利用した練習で定着を図るといいだろう。この質問例では「男らしい」と訂正することも可能であるが、初級では触れなくてもよい。

◎ 学習者が誤りやすい点

①「今日は夏のみたいに暑いね。」

意味的には「〜よう」も「〜みたい」もほとんど同じであるが、前者が「Nの〜」となるのに対し、後者は「N〜」となる点に注意が必要である。また、会話練習の際、対話者同士の関係に配慮して両方の練習をした方がいいだろう。なお、「〜みたい。」の言い切りが、比較的女性に多く見られる点にも留意したい。<ここに注意>参照

②「あなたはバカみたいですね。」

特殊な場面では可能であるが、不用意に使わせたくない文例である。日本語のネイティブスピーカーも「ばかみたい。」と自身に愚痴のように言うことがあるが、学習者の前ではなるべく避けたい。

<タスクの解答>

Ⅰ　1c（比喩。　a,b,d は「目的」）　2b（推量。　a,c,d は「比喩」）

Ⅱ　共通点：①どちらも「比喩」「推量」を表す。②形容動詞型の活用をする。

相違点：①「よう」には「目的」を表す用法、「方法」を表す用法もある。

②「Nのよう」に対して「Nみたい」となる。

③「みたい」は主に話し言葉で用いられる。

△▼　§40　敬語表現　▲▽

◎ タスク

Ⅰ　（　　　）の中に入る適当な語を上から選んで入れなさい。

敬語	尊敬語	謙譲語	丁寧語	待遇表現	ソトの関係	ウチの関係		
目上	目下	同等	丁寧	中立的	ぞんざい	職場	社会	集団

A（①　　　　　）は、話し手が人間関係への心配りをもって話したり書いたりするときのことばの使い方である。したがって広義には丁寧な表現だけでなく、ぞんざいな表現も、またその間の中立的な表現も含まれ、結局、人間関係が考慮されている言葉づかいはすべてが（①　　　　　）だとも言える。しかし、通常は（②　　　　　）な表現を（①　　　　　）とすることが多い。

B いわゆる「（③　　　　　）」の人とは、自分と同じ（④　　　　　）に属する人たちである。たとえば会社の上司も会社外の人に対しては自分と（⑤　　　　　）になるので、（⑥　　　　　）を用いる。

Ⅱ　使い方が一つだけ他と違うものは、どれか。

1「お／ご～ください」の使い方
a. おすきなものを何でもお取りください。
b. もうしばらくお待ちください。
c. 電話番号も必ずお書きください。
d. 書類は書留でご送付ください。

2 接頭語（お／ご）のつき方
a. 家族　b. 連絡　c. 返事　d. 住所　e. 卒業

Ⅲ　次の文が不自然なのはなぜか。理由を述べなさい。

1（病院の待合室で看護婦に）「ずいぶん込んでいますね。どれぐらいお待ちしますか。」

____

2（デパートで）　A「すみません、××の売場は何階ですか」
B「さあ、あそこに案内所があるから、あそこでお聞きしたらどうですか」

____

3（店頭で）「温かい天丼、お持ち帰りできます」

____

36-40

◎ 授業の手順

尊敬語（1）「お～になります」　▼「にほんご90日」第86課

1「お～なります」の例を示し、使い方を紹介する。尊敬語の概念を導入する。
2 口慣らしの練習をする。<形の練習>
3 運用練習をする。<文の練習>

尊敬語（2）受身形の尊敬表現　▼「にほんご90日」第87課

1 受身形による尊敬表現の例を示す。
2 口慣らしの練習をする。<形の練習>
3 運用練習をする。<文の練習>

尊敬語（3）特別な形　▼「にほんご90日」第88課

1 いくつかの動詞の尊敬語の特別な形を示す。
2 口慣らしの練習をする。<形の練習>
3 運用練習をする。<文の練習>
4「お～ください」の例を示し、使い方を紹介する。
5 口慣らしの練習をする。<形の練習>
6 運用練習をする。<文の練習>

謙譲語（1）「お～します」　▼「にほんご90日」第89課

1「お～します」の例を示し、使い方を紹介する。謙譲語の概念を導入する。
2 口慣らしの練習をする。<形の練習>
3 運用練習をする。<文の練習>

謙譲語（2）特別な形　▼「にほんご90日」第90課

1 謙譲語の特別な形を示す。
2 口慣らしの練習をする。<形の練習>
3 運用練習をする。<文の練習>

◎ 用法導入のアイデア

用意するもの：低い台（いすでもよい）二つ、高い台一つ

①低い台二つを少し離しておき、そこに学習者を立たせる。二人に「丁寧体（です・ます)」で会話をさせる。ABはあまり親しくない知り合いだと言う。

A：キムさん、いそがしそうですね。
B：ええ、仕事がまだあるんです。
A：あとどれくらいかかりますか。
B：そうですね。30分ぐらいです。
A：じゃあ、待っています。

②二つの台を近づけて、ABは親しい友達だと言い、普通体で会話させる。友達らしい

話し方、態度で話す。

③Bを高い台に立たせて、Aは社員、Bは課長とする。それぞれが「社長」「課長」のカードを持つ。先の丁寧体の会話をする。Aの役を教師がする。Aが使った尊敬語のフレーズカードを使って「尊敬語」だと示す。

④Aは社員、Bは社長とし、Aの役を教師がする。態度もさらに丁寧にして、尊敬語だけではなく、謙譲語も使う。Aが相手の行動を言ったときに使うのが「尊敬語」で、自分のすることに使った言葉が「謙譲語」であることを示す。二人の位置が上下に開いて、二人の視線の角度が変わることで敬語を使うときの関係を感じさせる。

◎ ここに注意

●動詞以外の尊敬表現はどうする？

動詞を尊敬語に変えると、それに従って名詞やその他の語にも丁寧な言い方に変えなければならないこともある。すなわち、名詞には「お／ご」をつけ、「だれ→どなた／どれ→どちら」「あの人→あの方」などとする。このような言い方は学習者のレベルと興味に応じて、負担にならない程度に導入しよう。

●「お」？「ご」？

名詞・な形容詞の前につけられる「お／ご」の使い分けの原則：

①漢字一つの語、ひらがなを含む語には「お」

例「お茶」「お酒」「お話」「おうち」「お願い」「お申し込み」「おきれい」

②漢字２字の語には「ご（御）」

例「ご家族」「ご両親」「ご連絡」「ご都合」「ご心配」「ご親切」
例外「お仕事」「お勉強」「お料理」「お洗濯」「お掃除」「お菓子」「お元気」「お上手」

●「お～する」の使い方の注意

謙譲語を用いる場合、動作や行為は、あくまでも「相手に対して」「相手のために」するのであるから、「お～する」は相手のない行為や相手に関係のない行為には用いない。

○「ちょっとお聞きしますが……」　　×「あそこにいる人にお聞きしましょう」

◎ ここがわからない！

■想定質問：「謙譲語」って、何ですか？

【答え方】：「謙譲語」は、目上の人に対して、自分や自分の家族の行為を言うときに使うより丁寧なことばです。

初級最後の“山”が「敬語」である。「尊敬語／謙譲語」という言葉自体が難しく、それを、「相手を尊敬して使う言葉／自分がへりくだって使う言葉」などと説明しても、学習者は理解しない。それよりも、ビデオやイラストなどを有効に使って、誰に対して誰の行為を言うのかを具体的に示すほうが効果的である。また、「尊敬語／謙譲語」の導入の際は、目上の人と「私」の関係で文例を慎重に選ぼう。

◎ 学習者が誤りやすい点

①「社長がおっしゃられました。」
日本語のネイティブスピーカー向けの本にはよく出てくる誤用例である。日本語学習者にとっては、むしろ難しくて言えない。導入がきちんとされていれば、日本語学習者にはこの誤用はほとんど見られない。

②「どうぞ、お持ちしてください。」
「尊敬表現」と「謙譲表現」の誤用であり、ネイティブにもよく見られる。この場合、「お持ちください。」あるいは「お持ちになってください。」とすべきだろう。学習者には、「日本人が使っているから、正しい」という概念を与えないことも大切である。

③「ご存じですか。－いいえ、知っておりません。」
同様に「知っていますか。－いいえ、知っていません。」も誤用である。「いいえ、知りません。／存じません。」を定着させたい。

<タスクの解答>

Ⅰ①待遇表現　②丁寧　③ウチの関係　④集団　⑤同等　⑥謙譲語
Ⅱ1a（「どうぞ」と許可する意。b,c,d は「依頼」の意）
　2c（お（返事）／ご（返事）　両方がつく。a,b,d,e は「ご～」）
Ⅲ1「お～する」は相手に関係のない行為には用いない。<ここに注意>参照
　2「聞く」のは相手だから、謙譲語「お聞きする」は不適当。尊敬語で「お聞きになったら」が正しい。
　3「持ち帰る」のは客。敬語を使うべきだから、「お～なる」を使って「お持ち帰りになる」。これを可能形にして「できる」の意を加えると、「お持ち帰りになれる」→「お持ち帰りになれます」が正しい言い方。

II わかっていますか？ 使い方

§ 文法表現

§ 会話表現

§ 重要語

§ 助詞

§ 文法表現

「にほんご90日」＊以下同様

◆～の（大きいの）　第６課

「物」、「人」を表す。重複や繰り返しを避けるために、それが何であるかわかっている物、だれであるかわかっている人を「の」で置き換える。

・ヤンさんのかばんはあの大きいかばんです。

↓

ヤンさんのかばんはあの　大きいの　です。

・Ａ：ヤンさんのかばんはどれですか。

Ｂ：あの大きいのです。

私の～＝私の　白い～＝白いの　昨日買った～＝昨日買ったの

◆～や、～や、～など　第５課

複数のもの（名詞）の中からいくつかを取り出し、例として示す用法。「N_1やN_2やN_3など」「N_1やN_2など」という形で表す。例として挙げたN_1、N_2、N_3のほかにも複数の物や人が存在するという意味を含んでいる。

・机に上に本やノートがあります。（まだ他にも、いくつかのものがある。）

◆～とか、～とか　第75課

「～とか～とか～」は、「～や～や～（など）」と同じように、代表例や代表的な事柄をいくつかあげる表現。「ＡとかＢとかＣ（とか）」の形で使われ、Ａ、Ｂ、Ｃ……はそれぞれ対等の関係にある。

・私は、スポーツでは、テニスとかサッカーとかスキーとかが好きです。

・昨日のパーティーでビルさんとか、アンさんとか、キムさんとかに会った。

最後に挙げた事柄については、「とか」を省略することができる。Ａ、Ｂ、Ｃ……で助詞が落ちても、最後の名詞の後に本来あるべき助詞が現れる。

・大学に入ったら、政治<u>とか</u>経済<u>とか</u>法律<u>を</u>勉強するつもりです。

「～や～や～（など）」の場合は、「～」に入るのは名詞だけであるが、「～とか～とか～」の場合は、名詞だけでなく、文もくる。動詞が来る場合は、「Ａ（する）とか、Ｂ（する）<u>とかする</u>」という形になり、最後の「とか」は、省略できない。「～たり、～たりする」と類似した用法である。

・仕事で疲れたら、お茶を飲むとか、音楽を聞くとかします。

・何か問題があったら、友達に聞くとか、先輩に相談するとかしてください。

◆何も・だれも・どこも　第12課

［疑問詞＋も＋否定表現］は「ゼロ」の意味を表す。

・私は朝何も食べません。時間がありませんから。

・かばんの中に何もありませんでした。

・教室にだれもいません。みんな帰りました。

・私は昨日どこも行きませんでした。

「どこも」が「行きません」と共に用いられるとき、本来は「どこにも／どこへも（行きません）」と言うべきである。しかし、会話では方向を示す「に」「へ」が落ちやすい。

ただし、存在を示す文では「に」は落ちず、「どこにも ありません／いません」となる。
・Ａ：ヤンさんはどこですか。
Ｂ：教室にもいません。ロビーにもいません。どこにもいませんよ。

◆何か・だれか・どこか 第15課

［疑問詞＋か］は、それぞれ、不定の物（何か）、不定の人（だれか）、不定の場所（どこか）を表す。

「何か／だれか／どこか～ますか」「何か／だれか／どこか～ましょう」
・Ａ：もう12時ですね。何か食べましょう。
Ｂ：そうですね。何か食べに行きましょう。
・Ａ：部屋にだれかいますか。
Ｂ：ええ、います。学生が３人います。
・Ａ：日曜日どこかへ行きましたか。
Ｂ：ええ、行きました。東京タワーへ行きました。

「何か／だれか／どこか～ますか」に対する否定の答えには、「何も」「だれも」「どこも（どこにも／どこへも）」を用いる（第12課）
・Ａ：部屋にだれかいますか。
Ｂ：いいえ、だれもいません。

◆何でも（何でも食べられます） 第46課（会話１）

「疑問詞＋でも」は、「だめなものがない」という意を表す。
・Ａ：いつがいいですか。
Ｂ：いつでもいいです。ずっとひまですから。
・車がありますから、どこでも行けます。
・だれでもいいですから、一緒に来てください。

◆～から。／～からです。／ＡからＢ。 第10課、第31課

原因・理由の表現。

①「～から。」　先に結果が述べられ、その後で理由を示す言い方。「～」に「です・ます」の丁寧体が入るので、学習者にとって使いやすい。

②「～からです。」　同じく、先に結果が述べられ、その後で理由を示す言い方。「～」に普通形が入る。

③「ＡからＢ」　Ａで原因・理由を述べて、Ｂで結果を述べる。①、②より難しい。

・Ａ：どうして食べませんか。
Ｂ：すきではありませんから。／すきじゃないからです。
・すきじゃないから、食べません。

◆～ませんか 第32課

「［動詞ます形の語幹］＋ませんか」は、これからすることを相手に提案したり、相手を勧誘する言い方。その提案や勧誘に対する聞き手の意向を「どうですか」と尋ねるニュアンスもある。［動詞ます形の語幹］とは、動詞の「～ます」の形の「～」の部分をい

う。「～ません」と否定の形をしているが、意味は否定ではない。
発音は「～ませんか↑」と語末を上昇させる。

・Ａ：これから映画を見に行きませんか。
　Ｂ：いいですね。

上記の例は、「一緒にどうですか」と、共に行動することを呼びかけているものだが、聞き手だけの行為を提案したり、勧誘したり、意向を尋ねたりする場合にも用いる。

・明日私の家へ来ませんか。
・このケーキ、食べませんか。どうぞ。

◆～ましょう　第32課

「[動詞ます形の語幹]　＋ましょう」は、主に次の二つの使い方がある。この課では、①の用法を示す。

①「～ませんか」と呼びかけられた聞き手が話者に肯定的に答える、すなわち共に行動する意志があることを示す。
　・Ａ：今度の日曜日、テニスをしませんか。
　　Ｂ：ええ、しましょう。
② 話者が聞き手に、共に行動することを呼びかけ、促す時の言い方。
　「～ませんか」に近い。
　・さあ、帰りましょう。
　・少し休みましょう。

◆早く　第16課

「早く」は、い形容詞「早い」の連用形。
形容詞から副詞への形の変化

い形容詞・・末尾「い」を「く」に変える。例：遅い→遅く、楽しい→楽しく
な形容詞・・末尾に「に」を加える。　例：きれい→きれいに、親切→親切に

◆～方　第23課

「～方」は、「どうやってするか」「～する方法」という意。
名詞句であるから、名詞と同様の機能を持つ。
「～方」の「～」には、動詞の「ます形」の語幹が入る。

読みます……読み＋方＝読み方
食べます……食べ＋方＝食べ方
します……し＋方＝しかた

・Ａ：あなたの家までどうやって行きますか。行き方を教えてください。
　Ｂ：ＪＲで渋谷まで行って、渋谷駅から歩いて10分ぐらいです。地図を書きましょう。
・この言葉の使い方は難しいですね。教えてください。

＊「～方」には「～（する）様子」という意味での用法もあるが、この用法は初級では扱わない。

・彼女はやさしい話し方をする。
・あの犬は歩き方が変だ。

◆～にする **第32課**

「【名詞】にします」という形で、いくつかの中から選択し、決定したものを表す。

・Ａ：飲み物は何にしますか。
　Ｂ：私は、コーヒーにします。

◆行ってくる（渋谷へ行ってきました） **第36課（会話１）**

ある場所から離れて他の場所へ行って、また同じ場所に戻ってくる意を表す。

・切符を買ってきますから、ここで待っていてください。
・Ａ：何か飲みたいね。
　Ｂ：うん、ジュースを買ってくるよ。
　Ａ：そう、じゃ待ってる。

◆～かどうか、わかりません。 **第47課**

「～かどうか、わかりません。」は、「～か、～ないか、どちらかわからない」という意を表す。「～」の部分には、動詞、い形容詞、な形容詞、名詞が来る。接続の形は普通形であるが、「元気~~だ~~／学生~~だ~~　かどうか」となる。

・漢字の書き方がわかりません。
・できるかどうか、わかりません。
・明日ピエールさんがひまかどうか、わかりません。
・あの人は、日本人かどうか、わかりません。

「～かどうか」は「～か～ないか」という意味であるから、「～」には「ない形」は使われにくい。すなわち、「～しないかどうか」「～くないかどうか」「～では（じゃ）ないかどうか」という形はあまり使わない。

×この仕事ができないかどうか、わかりません。
×ピエールさんが日曜日ひまじゃないかどうか、わかりません。

◆～か、わかりません。 **第47課**

「～か、わかりません」は、話し手がある事柄「～」について知らないということを表す。「～」の部分には、疑問詞、または疑問詞を含む文（動詞・い形容詞・な形容詞・名詞）がくる。次のような疑問詞がよく使われる。

　何・だれ・どこ・どれ・どちら・どの＋Ｎ
　いつ・何時・何日・何曜日・何月・何年
　どうして・どうやって・どれくらい

・試験の日がいつか、わかりません。
・パクさんが何時に来るか、わかりません。
・弟がどこへ行ったか、わかりません。
・どの辞書がいいか、わかりません。
・店がいつ休みか、わかりません。
・あの人がどうして急に国へ帰ったか、わかりません。

「疑問詞＋かどうか」は誤り。最近日本語ネイティブにもこの種の誤りがみられるので、注意。

×これが何かどうか、わかりません。

×サリさんがいつ来るかどうか、わかりません。

◆〜てきた（雨が降ってきた）　　第48課（会話１）

この会話の「てきた」は「(雨が降り）始めた」という意味。

・風が出てきた。寒いね。帰ろう。

・３月に入って、あたたかくなってきました。これから、どんどんあたたかくなるしょう。

◆〜が見えます　　第54課

「見える」は対象物の形や姿が「目に入ってくる」という意味。「見る」と「見える」は異なり、反対の方向性を持つ。「見る」は、人が対象Ｔに視線を向ける、また、視線を向けて対象の形を認識するという意味であり、人が主体の動作である。一方「見える」では、主体はＴであり、Ｔが人の目に入ってくるという意味になる。

「見える」の文では、目に入ってくるＴは助詞「が」によって示される。

○ Ｔが見える　　○ Ｔを見る

× Ｔを見える　　× Ｔが見る

〜から〜が見えます

「見える」場所、すなわち人がいる場所は、「で」よりも「から」で示されることが多い。

・ここから東京タワーが見えます。

・新幹線から富士山が見えました。

・海が見える部屋を予約しました。

＊「〜から〜が聞こえる」という文では「〜から」は、人がいる場所ではなく、音が発生する場所を示す。

・上の部屋からうるさい音楽が聞こえます。

◆〜が聞こえます　　第54課

「聞こえる」は、音が「耳に入ってくる」という意味。「見る／見える」のちがいと同様に「聞く」と「聞こえる」は異なり、反対の方向性を持つ。「聞く」は、人が音の方に耳を傾ける、また、音をキャッチするという意味であり、人が主体の動作である。一方「聞こえる」では、主体は音であり、音が人の耳に入ってくるという意味になる。

「聞こえる」の文では、耳に入るものＴは助詞「が」によって示される。

○ Ｔが聞こえる　　○ Ｔを聞く

× Ｔを聞こえる　　× Ｔが聞く

よく 見えます／聞こえます

この「よく」は、「はっきり」見える／聞こえる、という意の副詞。

「よく 見えません／聞こえません」は、物や音が「少し目、耳に入るが、はっきりしていない」ということを表す。「ぜんぜん、まったく　見えない／聞こえない」場合は、「何も　見えない／聞こえない」と言う。

・ここは空気がきれいなので、星がよく見えます。

・テレビの音がよく聞こえないので、音量を上げた。
・字が小さくて、よく見えません。
・真っ暗だったので、何も見えませんでした。

◆～ながら、～　**第73課**

「(ます形) ながら～」は、２つの動作を同時に並行して行うことを表す。「V_1ながらV_2」の形をとり、V_1には動詞の「ます形」がくる。
・私は、テレビを見ながら、ご飯を食べます。
・田中さんは、たばこを吸いながら、電話をかけています。
・パクさんは、歌を歌いながら、絵をかいています。
主要な動作はV_2であり、付随する動作がV_1である。
・音楽を聞きながら、車を運転します。
動作主が異なる場合には使うことができない。
×彼はたばこを吸いながら、私は本を読んでいます。
×私はテレビを見ながら、子供たちは音楽を聞いています。
原則として継続動詞に用いる。
〇歩きながら　×落ちながら
瞬間動詞に用いると、「繰り返してする」動作を表すことが多い。
・写真を撮りながら、町を歩いた。
・尾を振りながら、走ってきた。

◆～たまま、～　**第73課**

ある状態で、ある動作をすることを表す。「V_1たまま、V_2」の形をとり、V_1には動詞の「た形」が来る。主要な動作はV_2である。「本来はV_1をするべきではないのに、やめるべきなのに」と、言外のマイナス評価が含まれる。
・子供たちは立ったままハンバーガーを食べています。(座るべきなのに座らないで食べている)
・くつをはいたまま家の中に入らないでください。(靴をぬぐべきなのに……」)
・めがねをかけたまま寝てしまいました。(めがねを取るべきなのに……)

◆～つもり　**第74課**

「(辞書形・ない形) ＋つもりです」は、未来にしようと思う行為、またはもうすることを決めている行為を表す表現。
・私は来月引っ越しをするつもりです。
・大学を出たら自分の会社を作るつもりです。
・もうお酒を飲まないつもりです。
・私は息子を医者にするつもりです。

「(辞書形・ない形) つもりです」と「～ (よ) うと思います」を比べると、「つもりです」の方が話者の決意が強い。
・たばこをやめるつもりです。
・たばこをやめようと思いますが、なかなかやめられません。

◆～場合（は）、～　第75課

ある状況を想定して、そのときどうなるかを説明したり、指示したり、提案したりする表現。したがって、「～場合は～」の後には、「～てください。～てもいいです」などの表現が使われることが多い。前の「～」には普通形がくる。

・熱がある場合は、この薬を飲んでください。
・都合が悪くなった場合は、連絡してください。
・サイズが合わない場合は、取りかえます。
・人数が多い場合は、予約をしたほうがいいでしょう。
・子供の場合は、料金が安くなります。

◆～すぎる　第76課

ある動作や状態が過度であることを表す。「～」には動詞、い形容詞、な形容詞がくる。「すぎる」の接続形は次の通りである。

動　　詞 ［ます形 ＋ すぎる］
い形容詞 ［（大き）い → （大き） ＋すぎる］
な形容詞 ［（静か） ＋ すぎる］

・彼は働きすぎます。少し休んだほうがいいと思います。
・このくつは大きすぎます。もう少し小さいのはありませんか。
・ここは静かすぎて、ちょっとさびしいです。

「～すぎ」は名詞の形。したがって「すぎだ」は名詞文となる。

・働きすぎで病気になった。（＝働きすぎて病気になった。）

「～すぎます」には「よくない、ダメだ」というマイナスの意味が含まれる。

・日本人は働きすぎます。（もっと休んだほうがいい）
・これはいいカメラですが、値段が高すぎます。（もっと安い方がいい／買えない）

◆～やすい　第76課

次の2つの用法がある。

①「動作が簡単にできる／楽だ」という意を表す用法。（プラスの意味）
・このペンは軽くてとても書きやすいです。
・この肉はやわらかくて食べやすいです。

②「～しがちだ／すぐに～なる」という意を表す用法。（マイナスの意味）
・この時計は壊れやすいです。もう何回も修理しました。（＝すぐ壊れる、よく壊れる）
・最近天気が変わりやすい。（＝雨が降ったり、晴れたり、天気がすぐ変わる）

◆～にくい　第76課

①「動作が簡単にできない／大変だ」という意を表す用法。（マイナスの意味）
・このペンは太すぎて書きにくいです。
・安い肉はかたくて食べにくいです。

②「なかなか～しない」という意を表す用法。（プラスの意味）
・このガラスは厚くて割れにくいです。
・太くて、切れにくいひもはありませんか。

◆〜ないで、〜　第77課

「V_1ないで、V_2」の形をとり、「V_1をしない状態でV_2をする。」ということを表す。V_1には動詞の「ない形」がくる。

・時間があるときは、バスに乗らないで歩いて帰ります。
・私はキーボードを見ないでワープロを打ちます。
・朝ご飯を食べないで会社へ行く人が多いそうです。

◆〜だろうと思う　第80課

話し手の推測を表す表現。
「〜と思います」より、推測の確信度が低い。「〜」には普通形がくる。ただし、な形容詞、名詞には直接接続する。

・彼はお金をたくさん持っているだろうと思います。
・彼はお金持ちだろうと思います。
・前の仕事は難しかったけれど、今度の仕事は簡単だろうと思います。

◆〜かもしれない　第80課

可能性があることを表す表現。「〜」には普通形がくる。ただし、な形容詞、名詞には直接接続する。

・明日は雪が降るかもしれません。
・このキムチはとてもからいかもしれませんよ。
・その映画は子供には退屈かもしれません。
・さっき山田さんと一緒にいた女性は彼の奥さんかもしれませんね。

「たぶん、きっと」と一緒に使うことはできない。

×明日はたぶん雪が降るかもしれません。
×このキムチはきっとからいかもしれませんよ。

○明日はきっと雪が降るでしょう。

◆〜という〜（1）スダさんという人　第83課

「ＡというＢ」の「という」は、同格の二つの名詞Ａ，Ｂを結ぶ機能をもつ。ＡはＢの名前や題名、タイトルなどを表す。

・「うなぎ」という映画が賞を取った。
・「アビシニアン」という種類のネコを知っていますか。

「ＡというＢ」を用いるとき、Ａは、話者がはじめて聞く名前、または相手が知らないだろうと思われる名前であるのが普通。

・社員：あ、部長、お帰りなさい。さっき本田さんという方から電話がありました。
　部長：ああ、Ｙ社の本田さんか。昨日会った人だ。
　　　（この例では、社員は本田さんを知らない。）

〜という〜（2）「また電話をします」というメッセージ　第83課

この「ＡというＢ」では、Ａ（文）がＢ（名詞）の内容を表す。すなわち、Ａは、Ｂがどんな内容であるかを述べる。

・明日の朝10時から会議があるという連絡をもらいました。
「明日の朝10時から会議がある」＝連絡の内容
・教育にお金がかかりすぎるという理由で子供を作らない人が増えている。
「教育にお金がかかりすぎる」＝子供を作らない理由

◆縮約形（短い形） **第84課**

くだけた会話で用いられる縮約形はいくつかの形があるが、ここでは「ちゃ・じゃ」と「てる・でる」を勉強する。

ては／では → ちゃ／じゃ

禁止を表す表現「〜てはいけない／ではいけない」は、会話ではしばしば「〜ちゃいけない／じゃいけない」となる。「〜ちゃだめ」もよく使われる。

・寝ちゃだめ。起きて。（寝てはいけません。起きてください。）
・今日は遊んじゃだめ。明日は試験でしょう。

ている／でいる → てる／でる

「〜ている」「〜でいる」の「い」が落ちて、「〜てる」「〜でる」となる。

・あの赤いシャツを着てる人、だれ？
・Ａ：パソコン、持ってる？
Ｂ：うん、持ってる。
・今急いでるから、お先に失礼するよ。さよなら。

◆〜さ(長さ) **第84課（会話１）**

「〜さ」は、形容詞を名詞に変える働きをもつ接尾辞である。

長い→長さ　　寒い→寒さ　　明るい→明るさ　　さびしい→さびしさ
元気→元気さ　　静か→静かさ　　にぎやか→にぎやかさ　まじめ→まじめさ

・富士山の高さは3776メートルです。
・今年の夏の暑さはすごかった。
・重さが10トンもある大きな石が落ちてきた。
・私は彼女のやさしさがすきです。

◆いくら／どんなに　〜ても、〜 **第85課**

「いくら／どんなに Ａても、Ｂ」は、「Ａても、Ｂ」を強める表現で、「たくさん、とてもＡても、Ｂ」という意を表す。Ａは動詞、形容詞。

・彼はいくら酒を飲んでも、顔に出ない。昨日も１人でウィスキーを１本飲んでしまったけれど、全然変わらなかった。
・どんなに大変でもがんばりたいと思います。

「いくら」と「どんなに」は意味が近く、言い換えが可能な場合が多いが、どちらかといえば、「いくら」は主観的、「どんなに」は客観的である。しかし、学習者に示すほどのこともない。「だいたい同じで、どちらを使ってもよい」と言ってよい。

§会話表現

☆「はい」「いいえ」　第１課、第10課

「はい」「ええ」は、「あなたが言ったとおりだ」、「そうだ」という話者の同意を表す。一方、「いいえ」は「あなたが言ったことは違う」、「そうではない」という不同意を表す。したがって、質問が否定形の場合、質問の内容に同意する場合は［はい＋否定形］、同意しない場合は［いいえ＋肯定形］で答える。

・Ａ：さしみは食べませんか。
　Ｂ：はい、食べません。（いいえ、食べます。）
・Ａ：このケーキ、おいしくないですか。
　Ｂ：いいえ、おいしいです。（ええ、あまりおいしくないです。）

☆そうです　第１課（会話２）

相手が言った内容を肯定するときに使う表現。

・Ａ：あなたは日本人ですか。
　Ｂ：はい、そうです。

「そうです」は名詞を受ける。したがって動詞文、形容詞文の問いに対して「そうです」を使うと、不自然な答え方になる。

Ａ：明日、行きますか。　×Ｂ：はい、そうです。
Ａ：勉強、おもしろいですか。×Ｂ：はい、そうです。

☆そうですか↓　第１課（会話２）

相手が言ったことに対して、「確かに聞いた」「わかった」という意を表す表現。疑問文ではない。

・Ａ：私は中国人です。
　Ｂ：そうですか。

「そうですか↑」と文末を上げて発音すると、相手が言ったことに対して疑問を感じている意を表す表現となる。

二人称「あなた」は、会話では目下の人に対して使われることが多いので、使わないほうがいい。学習者にも「あなた」より相手の名前を使うほうがいいと指導したい。

・ブラウン：リンさんは学生ですか。　×あなたは学生ですか。
　リン：はい、そうです。

☆すみません　第５課（会話５）

この表現は、次のような場合に使われる。

【謝る】　Ｂが自分のかさとＡのかさを間違えた。
　Ａ：それは私のかさです。
　Ｂ：すみません。
【礼を言う】　Ｂが落としたハンカチをＡが拾った。
　Ａ：これはあなたのハンカチではありませんか。
　Ｂ：すみません。

【声をかける】Ａは通りかかったＢに道を尋ねる。
Ａ：すみません。郵便局はどこですか。
Ｂ：あそこです。

☆わあっ・わあ 第６課（会話２）

驚いたときに思わず出す間投詞。

・わあっ、速い。
・わあっ、高い。
・わあ、うれしい。

☆ええ 第６課（会話３）

「はい」の会話的表現。「はい」よりやわらかい感じがある。

☆じゃあ・じゃ 第８課（会話１）

相手の述べたことを受けて、次の場面を提示する表現。

・Ａ：このケーキはおいしかったです。
　Ｂ：じゃあ、私も買います。

☆へえ 第８課（会話３）

相手の言ったことに軽い驚きを示す会話表現。フォーマルな会話では使わない。

・ヤン：昨日の夜12時に家へ帰りました。
　サリ：へえ、遅かったですね。

☆どうしましたか 第７課（会話２）

相手に起こったこと、状態等を問う表現だが、医者が患者に聞くように、少し事務的な感じもある。「どうしたんですか」のほうが、気持が入っている。

・Ａ：元気がありませんね。どうしましたか。
　Ｂ：頭がいたいです。
・Ｂの顔が赤い。
　Ａ：どうしましたか。
　Ｂ：ちょっとビールを飲みました。

☆気をつけて 第９課（会話２）

「気をつけて～ます」「気をつけてください」などの形で使われる。「悪い結果にならないように、注意をして～する／注意してください」という意味の表現。注意を払う対象を「～に」で示し、「～に気をつけて～」と使う。

別れるときの挨拶としても使われる。「(お) 気をつけて。」という表現もある。

・車に気をつけて。
・それは大切なカメラです。気をつけてください。
・Ａ：あさって日本へ行きます。
　Ｂ：そうですか。お気をつけて行ってらっしゃい。

☆〜なあ・な（困ったなあ） **第33課（会話３）**

「[普通形] ＋なあ／な」の形で、話者の気持ちを強調する。

・今日は寒いなあ。

・この絵、上手だなあ。

・あの人、きれいだなあ。

・おなかがすいた。何か食べたいな。

☆それほどでもありません。 **第35課（会話２）**

相手が言ったことを受けて「大したことはない」という意味で答える表現。

・Ａ：毎日勉強で、たいへんでしょう。
　Ｂ：それほどでもありません。学校は午前中だけですから。

相手にほめられたときに、謙遜して答える表現にも用いられる。

・Ａ：日本語が上手ですね。
　Ｂ：いいえ、それほどでもありません。

・Ａ：いい息子さんですね。
　Ｂ：それほどでもありませんよ。

☆〜かな。（このケーキ、だれのかな） **第39課（会話２）**

「かな」と「かしら」は、「か」と同じように文末や名詞について疑問の意を表す。「かな」、「かしら」は「か」よりも疑問の意が弱いので、やわらかい響きがある。100パーセント相手に質問をぶつけるというより、半分は自分自身に問うような調子がある。どちらも、くだけた会話で用いるが、「かな」と「かしら」を比べると、「かな」のほうがいっそうくだけた感じがする。また「かしら」は少し女性的な感じがする。

・こんなにたくさん、食べられるかな。

・明日の試験、難しいかな。

・彼、元気かしら。

・あの人、日本人かしら。

☆難しいでしょう（↑） **第35課、第38課**

この場合の「〜＋でしょう」は、話者が「〜」と思うことを相手に確認する言い方。英語の“〜, isn't it ?”“〜, don't you ?”“〜, aren't you ?”等に当たる。

・Ａ：タイは暑いでしょう。
　Ｂ（タイ人）：ええ、暑いです。

・Ａ：夏休みに国へ帰るでしょう。
　Ｂ：帰りたいですが、まだ、わかりません。

☆いただきます **第35課（会話２）**

食べるとき、飲むまえに言う挨拶の言葉。

・Ａ：さあ、どうぞ食べてください。
　Ｂ：いただきます。……おいしいですね。

・Ａ：コーヒーを入れましたから、どうぞ。
　Ｂ：ありがとうございます。いただきます。

☆しまった **第39課（会話３）**

自分の失敗や不注意に気づいたときの表現。話者が自分自身に言う独り言。

・しまった。財布を忘れた。

・しまった。乗る電車をまちがえた。

☆変です **第40課（会話１）**

話者が想定しているのと様子がちがうという意を表す。

・Ａ：シンさん、いませんか。
　Ｂ：シンさんはコピー機のところにいます。
　Ａ：え？ いませんよ。
　Ｂ：変ですね。今コピーをしていましたよ。

☆〜てくださいませんか **第41課（文の形）**

「〜てください」の丁寧な言い方。目上の人や、あまり親しくない人に依頼をする場合に用いる。「〜させてくださいませんか？」とのちがいに注意。

・使い方がよくわからないんです。説明してくださいませんか。

・明日はいつもより早く来てくださいませんか。お願いします。

☆何かあるの **第55課（会話２）**

「何かある」は、この会話では「何か特別な予定がある」という意味。「ある」には、何か特別なこと、行事、催しなどが「行われる」という意味の使い方がある。

・明日は会議がある。

・試験は、いつあるんですか。

・今度の日曜日、友達の結婚式がある。

☆あのう **第57課（会話２）**

「あのう」は、何か言い出すときに、はじめに言う言葉。事を言い出す場合、急には言いにくいような状況で、ちょっと間を取るために使われることが多い。

・Ａ：あのう、かばんが開いていますよ。
　Ｂ：あ、どうもすみません。

・Ａ：あのう、ちょっとすみません。
　Ｂ：はい。
　Ａ：駅はどちらでしょうか。

・社員：課長、今日は早く帰らせていただけませんか。
　課長：え？どうしたんですか。
　社員：あのう、朝から頭が痛くて…。

☆元気がありません **第50課（会話１）**

人の様子が「いつもの元気な様子と違う」ことを「元気がない」と表現する。
肉体的な状態より、むしろ精神的な状態について言うことが多い。「元気がない」の反対の表現としては、「元気だ」「元気がいい」というのが普通で、「元気がある」とは言わない。「元気ではない／じゃない」とのちがいに注意。

・元気がありませんね。何か心配なことがあるんですか。

・妹は入学試験に落ちてから、ずっと元気がない。

☆実は **第50課（会話２）**

「実は」は、秘密にしていたことを相手に明かすとき、また、自分に関する重大な事実、相手にとって意外に感じられるであろうと思われる事実などを相手に言い出すときに言う表現。

・Ａ：どうですか。いそがしいですか。
　Ｂ：ええ、実は来月結婚するんです。
・あのう、実は、ちょっとお願いしたいことがあるんです。

☆あ～あ（ああ） **第52課**

感動詞の「ああ」は強い感情、深い感情を表すが、会話では、こういった感情を強く表すとき、「ああ」をさらに伸ばして「あ～あ」と言うこともある。残念な気持ち、いやな気持ち、嘆きなどを表す場合が多い。

・（自分のかいた絵を見て）あ～あ、ぼくは絵が下手だなあ。悲しいよ。
・あ～あ、毎日朝から晩まで働いているのに、給料はぜんぜん上がらない。
・あ～あ、大切な花瓶を割ってしまった。

☆あら **第61課（会話１）**

意外なことに出会って、驚いたり不思議に思った時に発する言葉。特に女性が使う。「あれ」「おや」も同じような場合に使うが、これは男性も女性も使う。

・あら、変ね。どうしたのかしら。
・あら、すてきなかばん。どこで買ったの。
・おや、さいふが落ちている。だれのだろう。

☆久しぶり **第課64（会話２）**

「長い時間会わなかった後、会った」「長い時間～しなかった後、～する/した」という意味の名詞。《久しぶりだ／です》、《久しぶりの＋名詞》、《久しぶりに＋動詞》となる。

・久しぶりですね。お元気ですか。
・高校の友達に会って、久しぶりに一緒にお酒を飲んだ。
・明日は久しぶりの休みだ。何をしようかな。

☆あ、そうそう **第課64（会話２）**

会話の中で、今の話題とちがうこと、または関連した別のことを急に思い出して、話題に出すときに使う表現。インフォーマルな印象を与える表現なので、目上の人や、フォーマルな場面では使わないほうがいい。

・先生：では、きょうはこれで授業を終わります。
　学生：先生、宿題がありますか。
　先生：あ、そうそう。宿題はありませんが、明日テストをします。

☆じゃあ、また **第64課（会話２）**

会話が終わって、別れるときの挨拶。友達や親しい間でしか使わない。「では、また会いましょう」を短くした表現。「じゃあ。」「じゃあね。」「また。」「またね。」は、さらにくだけた言い方。

・Ａ：じゃあ、また。
　Ｂ：うん、またね。

☆ぼくでよければ、どうぞ　第65課（会話２）

「〜でよければ」は、何かを提供するときの言い方。提供するものや時間などが相手の期待に十分応えられるかどうかわからないが、喜んで提供するという意味を表す謙虚な表現。

・山田：あ、雨だ。しまった。傘を持ってこなかった。
　田中：この傘でよければ、どうぞ。
　山田：どうもすみません。
・キム：シンさん、辞書を忘れちゃったんだけど、貸してくれない。
　シン：ええ、これでよければ、どうぞ。
　キム：ありがとう。
・ヤン：先生、ちょっと相談したいことがあるんですが、忙しいですか。
　先生：今はちょっと。午後でよければ、どうぞ。
　ヤン：はい。では、午後、また来ます。

☆ぜひお願いします　第66課（会話２）

「お願いします」より、相手に依頼する気持ちが強いことを表す。

・ヤン：シンさん、韓国の歌を歌ってください。
　シン：え、韓国の歌ですか。
　ヤン：ええ、ぜひお願いします。
・学生：先生、今夜のパーティーにぜひ来てください。
・ぜひ日本の大学に入りたい。

「ぜひ」は依頼や願望の気持ちが強いことを表す副詞。「ぜひ〜たい」「ぜひ〜てください」「ぜひお願いします」などのように使う。

☆さあ（さあ、そろそろ帰りましょうか）　第68課（会話２）

「さあ、Ａ」という形で、「これからＡしよう」と相手に呼びかける言葉。自分自身に向かって使う場合もある。

・先生：さあ、テストを始めましょう。教科書をしまってください。
・５時だ。さあ、帰ろう。

☆あれ　第70課（会話２）

「変だ」と思った気持ちを表す言葉。

・あれ、私のかばんがない。ここに置いたのに。

☆おかしい　第70課（会話２）

「おかしい」には「おもしろい」「滑稽だ」という意味を表すほかに、「変だ」「理解できない」「自分が思っているのと違う」という気持ちを表す。

・田中さんは、いつもおかしいことを言って、みんなを笑わせます。

・おかしいなあ。ここに置いておいたケーキがない。だれか食べてしまったのかなあ。

☆けっこうです（明日でもけっこうです）　　　　　第75課（文の形１）

通常「いいです」の丁寧な形として「いい／十分だ／満足がいく」「許可できる」といった意味で用いる。しかし、また、丁寧に「断る」時にも用いられ、この場合は否定的な意味になる。

・仕事が終わった人から、帰ってもけっこうです。

・Ａ：書類の書き方は、これでいいでしょうか。
　Ｂ：はい、けっこうですよ。

・Ａ：お茶、もう少しいかがですか。
　Ｂ：ありがとうございます。もうけっこうです。（＝もう飲みません）

☆なるほど　　　　　第78課（会話１）

人の言うことを聞いたり読んだりして、「確かにそうだ」「私は理解できる」と同意することを表す言い方。

・Ａ：水田さんはアメリカの大学に３年留学したそうですよ。
　Ｂ：なるほど、それで彼女は英語が上手なんですね。

・Ａ：私は両親を心配させたくなかったんです。だから、うそをついたんです。
　Ｂ：なるほど。よくわかりました。

☆～じゃない（とってもかわいい方じゃない）　　　　　第81課（会話１）

この「～じゃない」は否定ではなく、肯定。会話の中で、判断や評価を強く言うような時に用いる。文末を上げて言うと、「そう思いませんか、思うでしょう」と聞き手に同意を求めるニュアンスがあるが、下げて言うと話者の判断や評価を強く言うことになる。ここでは後者の言い方。「～じゃない」はくだけた言い方だが、もう少しあらたまった場合は、「～じゃありませんか」と言う。

・Ａ：どう？これ。
　Ｂ：いいじゃない。すごくいいよ。

・Ａ：これ、私の作文ですが、あまりおもしろくなくて・・・
　Ｂ：(読んで)・・・おもしろいじゃありませんか。

§ 重要語

▲とても・ちょっと・あまり　　　　　第７課

程度を述べる副詞。「とても」は高い程度、「ちょっと」は低い程度を表す。「あまり」は後ろに否定形をとり、程度が高くないことを否定的に表す。

・とても高い

・ちょっと高い

・あまり高くない

▲よく・ときどき／ぜんぜん　　　　　第13課

行為の頻度を表す。

100%－－－－－－－－－－－－－－－－－－－－－－－－－－－－0
　　よく　　　　　　　　　ときどき　　　　　ぜんぜん

・私はコーヒーがすきです。よく飲みます。（頻度が高い）
・私はコーヒーがすきではありません。でも、ときどき飲みます。（頻度が低い）
・私はコーヒーがきらいです。ぜんぜん飲みません。（頻度０）

▲～それから～　　第15課

「Ａ。それからＢ」は、Ａの後にＢが続くことを表す。Ａ，Ｂに名詞を用いる場合は第13課で導入されているが、この課ではＡ，Ｂが文の場合を提示する。
・新宿で映画を見ました。それから食事をしました。
・本を読みました。それから寝ました。
・友だちに電話をかけました。それから家族に手紙を書きました。

「それから」には「付け加える」という用法もある。（第13課会話１）
・サンドイッチを一つください。それからコーヒーもお願いします。
・昨日ブラウンさんとヤンさんとピエールさんがうちに来ました。あ、それから、夜コウさんも来ました。

▲もう・まだ　　第20課

「もう」は、行為がすでに行われたことを表す。「まだ」は、現時点までに行為が行われていないことを表す。すでに行われた場合は「もう～しました」、行われていない場合は「まだ～していません」、「いいえ、まだです」となる。
・もう作文を書きましたか。
　－はい、（もう）書きました。
　－いいえ、まだ書いていません。／まだです。
・もう病院へ行きましたか。
　－はい、（もう）行きました。
　－いいえ、まだ行っていません。／まだです。

▲～までに（10日までに）　　第22課

［時を表す名詞＋までに］は動作を行う期限を表す。「10日までに」は、「11日より後ではダメ。10日より前に。10日より前ならいつでもいい。」という意味である。一方、「～まで」は、「～」の前までずっと動作、状態が継続することを表す。
・10日までにお金を払ってください。
・10日まで忙しいです。

・30歳までに結婚したいです。
・30歳まで独身でいたいです。

▲～しか～ない　　第27課

「Ａしか～ない」は「Ａだけ」ということを表すが、「少ない」という含みがある。反対に「～も」には「多い」という含みがある。
・私はひらがなしか読めません。
・ゆうべは３時間しか寝ませんでした。

・ゆうべは10時間も寝ました。

▲なかなか

副詞「なかなか」には次の２用法がある。

①「なかなか～(し)ない」という形で、後に否定形が続く。　**第24課（会話１）**

「簡単には(～しない)」「時間がたっても（～しない)」という意。

・この漢字は難しくて、なかなかうまく書けません。

・バスがなかなか来ません。もう20分も待っています。

②「なかなか＋形容詞、副詞」という形で、後に肯定形が続く。　**第90課（会話２）**

「思ったより、かなり～」という意。「～」には、「良い」とプラス評価をもつ語がくる。

・このワインは安かったけど、なかなかおいしい。

・あの子はまだ小さいのに、なかなかしっかりしているね。

②の「なかなか」は「意外に良い」という話者の評価を表すので、目上の相手に直接用いることは、失礼になる恐れがあり、避けたほうがよい。

・先生：さあ、どうぞ入ってください。

×学生：おじゃまします。わあ、先生のお宅はなかなか立派ですねえ。

▲やる　第35課（会話２）

「する」の意。ただし、あまり丁寧ではない響きを伴う場合があるので、使う場合には気をつけなければならない。

・Ａ：本を片づけなければならないね。

　Ｂ：あ、ぼくがやるよ。

▲ですから（ですから、とても大切です）　第37課（会話２）

「から」で理由を述べる「Ａから、Ｂ」という文型は、「Ａ。ですからＢ」という形をとることもできる。

・毎日昼は学校へ行って、夜はアルバイトをしていますから、とても忙しいです。

・毎日昼は学校へ行って、夜はアルバイトをしています。ですから、とても忙しいです。

普通体の表現では、「ですから」は「だから」に変わる。

・毎日昼は学校へ行って、夜はアルバイトをしている。だから、とても忙しい。

▲～ずつ　第38課（会話３）

同じ数量を繰り返すときの１回の数量を表す。「～」には数や量、または「少し」「ちょっと」など小さい程度を表す語が入る。「少しずつ」は、「１回に少し、何回も」という意味。

・毎日新しい漢字を10ずつ勉強しています。

・このケーキ、半分ずつ食べませんか。

・１人ずつ自己紹介をしてください。

・子供たちにチョコレートを３つずつあげました。

・毎日少しずつ練習をすれば、だんだん上手になるでしょう。

▲できる（写真ができました）　第39課（形の練習１）

この「できる」は可能の意ではなく、「作られる・生まれる」「終わる・完成する」という意味。

・客：写真はいつできますか。
　写真屋：今日の５時にできます。
・学生：先生、できました。
　先生：作文ができた人は帰ってもいいですよ。
・駅前に新しいビルができた。
・子供ができたので、忙しくなった。

▲どんどん 　**第40課（会話２）**

進み方や変化の速度が速い様子を表す。

・世界の人口がどんどん増えている。
・どんどん食べてください。

▲〜けど／けれど、〜 　**第61課（会話１，２）**

「Ａけど、Ｂ」「Ａけれど、Ｂ」の形で用いる。
Ａは普通形（名詞、な形容詞：〜だ＋けれど）

・ヤンさんはテニスができるけれど、私はできない。
・おなかがすいたけど、食べる物がない。
・新幹線は便利だけど、高いね。
・この本はちょっと難しいけれど、おもしろいよ。
・父はアメリカ人だけど、私は英語が話せません。

同じ意味で「けれども」も使われる。「けど」「けれど」「けれども」の三つを比べると、「けど」が最もくだけている。
「けど」は、Ｂの頭で用いられると「Ａ。だけど、Ｂ」となる。「けれど」、「けれども」は、そのまま「Ａ。けれどもＢ」のように用いることもできる。

・ヤンさんはテニスができる。だけど、私はできない。
・この本はちょっと難しいね。だけど、おもしろいよ。
・毎日一生懸命練習した。けれども、優勝できなかった。

▲いつも・たいてい・よく・ときどき・たまに 　**第61課**

習慣的なことをする頻度を表す。（第13課参照）

100%－－－－－－－－－－－－－－－－－－－－－－－－－－－－－－－－－0
いつも　たいてい　よく　　　　　　　ときどき　　　　たまに　ぜんぜん〜ない

「いつも」は「例外なく（する）」、「たいてい」は「ほとんどの場合（する）」、「ときどき」は「多くないが（する）こともある」、「たまに」は「非常に少ないが（する）こともある」、「ぜんぜん」は「（する）ことがない」
「たまに」は、頻度は少ないが、「する」ということを表す。

・私はパンがきらいなので、たいていご飯をたべます。でも、たまにパンも食べます。

▲ちょうど **第62課（会話１）**

話者が考えている時間や程度や状態と合うという意味を表す。
・駅に着いたとき、ちょうど電車が来た。
・このシャツは、君には大きいけれど、私にはちょうどいい。
・ヤン：こんにちは。ブラウンさん、いますか。
ブラウン：ああ、ヤンさん。ちょうどよかった。お茶を入れました。一緒にどうですか。

▲ずいぶん **第64課（会話１）**

程度が高い、大きいことを表す副詞。程度が高いと話者が感じて驚いている場合に用いる。話者の気持ちの入った語である。
・ずいぶん日本語が上手になりましたね。
・ヤンさんのお兄さん、ずいぶん背が高いですね。
・彼とはずいぶん会っていない。

▲～が。（ちょっと相談したいことがあるんですが） **第65課（会話２）**

「が」は本来文中で用いて逆接の意味を表すが、この課の用例のように文末で用いることもある。このような文末の「が」は、言い切りの強い調子を避けて文をやわらげるために用いられる。
・ちょっとお願いがあるんですが…。
・Ａ：失礼ですが、お名前は？
Ｂ：山下と申しますが…。

▲それで **第45課、第66課（会話１）、第78課（会話１）**

「Ａ。それで、Ｂ」という形で、ＡはＢの理由を表す。「だから」と類似しているが、「それで」のほうが、ＡとＢの因果関係が自然な場合に使われることが多い。
・朝起きたら、頭が痛かった。それで、学校を休んで、病院へ行った。
「それで」は、「その理由で」「だから」という意味。
・私は国際的な仕事をしたいと思っていました。それで、外国語の勉強をはじめたんです。
・Ａ：私は大学で法律の勉強をしました。
Ｂ：ああ、それで法律についてよく知っているんですね。

▲～だけ（テレビで見ただけです） **第66課（会話２）**

「Aだけ」という形で、「Aは　ある/するが、ほかは　ない/しない」という限定の意味を表す。
動詞：普通形＋だけ　　い形容詞：～い＋だけ　　な形容詞：～な＋だけ
名詞：～＋だけ

・準備はできました。あとは、お客様を待つだけです。
・私が愛しているのは君だけだ。

▲そろそろ（さあ、そろそろ帰りましょうか。） **第68課（会話２）**

「そろそろ」は「ある事をする時が近づいてきた」というような意味合いをもつ副詞。「近くなった」とはいっても時間的に差し迫った感じはない。
・Ａ：もう８時ですね。そろそろ出かけましょうか。

Ｂ：そうですね。じゃあ、そろそろ行きましょう。

・10月に入って、ずいぶん気温が下がってきた。そろそろヒーターを出しておいたほうがいいかもしれない。

▲このごろ **第68課（文の形）**

現在を表す。過去から現在までの短い期間を表す。ただし、その期間の一時点の事柄を表す場合は使えない。状態性の語とともに用いる。

・このごろ元気がないね。どうしたの。

・このごろの若い人はみんな携帯電話を持っている。

×このごろ、東京駅で大きい事故があった。

▲最近 **第69課（文の形）**

過去から現在までの短い期間を表す。「このごろ」と違って、その期間の一時点の事柄を表す場合にも使える。

・最近元気がないね。どうしたの。

・最近海外旅行をする人が増えた。

○最近、東京駅で大きい事故があった。

▲～について、～（日本の生活について） **第76課（会話１）**

「～について」は「～に関して」という意味。

・私は江戸時代の文化について勉強したいと思っています。

・これは、何について書いてある本ですか。

・日本の会社のシステムについて、調べてみました。

▲けっして（けっしてそうではないでしょう） **第77課（会話１）**

副詞「けっして」は「けっして～ない」と後に否定形を伴い、否定を強める働きをする。

・ラジャイさんはけっして肉を食べません。

・あの人はまじめだから、けっして遅刻をしない。

・彼女は歌が下手だと自分で言っていますが、けっしてそうではありませんよ。

▲～おきに（１日おきに） **第78課（会話２）**

「～おきに」は「間に～を置いて」という意で、一定の間隔を規則的に繰り返すことに用いる表現。

一つおきに　●○●○●○●○●○・・・・

二つおきに　●○○●○○●○○●・・・・

・１日おきにアルバイトをしています。月曜、水曜、金曜です。

・この薬は１日４回、６時間おきに飲んでください。

▲～が、～（私はお酒があまりすきではありませんが、ときどき飲みます）第13課（会話３）

「でも」と意味が近いが、「が」の位置に注意。「～が、～」、「～。でも、～」となり、構文が異なる。

・私はお酒があまりすきではありませんが、ときどき飲みます。

・私はお酒があまりすきではありません。でも、ときどき飲みます。

§助　詞

●薬はありますか。　第14課（会話２）

基本的には「あります」の主語は「が」で示され、「～があります」となるが、「～」(ここでは「薬」)を特に話の題目として取り上げて言うために、「が」に代わって「は」が使われている。

・Ａ：私は犬がすきです。
　Ｂ：そうですか。ねこはきらいですか。
　Ａ：いいえ、ねこもすきですよ。

●これは昨日買いました。　第17課（会話４）

基本的には「～を買う」であるから、「昨日これを買いました」となるはずだが、「これ」を特に話の題目（トピック）として取り上げて言うために、「を」に代わって「は」が使われている。

・ひらがなはもう覚えました。でも、漢字は難しいです。
・宿題はしましたか。

●意味はわかります　第23課（会話４）

基本的には「意味がわかります」であるが、「意味」を特に話の題目として取り上げて言うために、「が」の代わりに「は」が使われている。

●さしみは食べられますか・さしみは大すきです　第46課（会話１）

基本的には「さしみが食べられますか」「さしみが大すきです」となるはずだが、この会話では、「さしみ」を特に話の題目として取り上げて言うために、「が」に「代わって「は」が使われている。

●（人）に会う　第９課

「会います（会う)」の相手は「～に」で示す。助詞「に」は動作の相手、対象を示す。

・私は田中さんに会いました。

(人) と(会う)

「と」を使うと、約束をして会って、しばらくの時間話したという意味になる。

●ニューデリーに住んでいる　第17課

「[場所] に 住んでいます」の［場所］を示す助詞は「に」。「で」は用いない。学習者のまちがいが多いので注意。

・兄はアパートに住んでいます。
・私の友だちはイギリスに住んでいます。
・あなたはどこに住んでいますか。

●切手を手紙に貼る　第18課

「[物] を［場所］に貼ります」

「貼ります」は［場所］を「に」で示す。物と場所は順序が逆でもいい。

・切手を手紙に貼ります。／手紙に切手を貼ります。
・かべに地図を貼ります。／地図をかべに貼ります。

●新宿で電車に乗る／電車を降りる **第18課**

「[乗り物] に 乗ります／ [乗り物] を 降ります」

「乗ります」の場合、[乗り物] は「に」で示され、「降ります」の場合、[乗り物] は「を」で示される。

・電車／車／自転車 に乗ります。

・電車／車／自転車 を降ります。

「[場所] で 乗ります／降ります」

・池袋で降ります

・池袋で電車を降ります。

・新宿で乗って、渋谷で降ります。

●おふろに入る **第18課**

「[場所] に 入ります」の文では、動作の対象となる場所が「に」で示される。

・教室に入ります。

・店に入って買い物をします。

●大学に入る **第33課**

「[機関・組織] ＋に入る」で、その機関および組織の一員になることを表す。

・私は４月にこの学校に入りました。

・日本語を勉強してから、日本の会社に入りたい。

●学校に着く **第18課**

「[場所] に 着きます」の文では、到着点・目的地が「に」で示される。

・８時にうちを出て、９時に学校に着きます。

・新幹線に乗って、12時に京都に着きました。

● 大学に行く **第42課（文の練習２）**

「大学に行く」は「大学に進学する」「大学で勉強する」という意味になることが多い。

・大学に行って、経済の勉強をしたい。

・兄は、大学に行かないで父の仕事を手伝っている。

「大学」という場所へ行く意の場合は、「に」よりもむしろ「へ」を用いることが多い。

・今日は大学へ行きません。休みです。

●機械にさわらない **第21課（形の練習３）**

動詞「さわる」の対象は、助詞「に」で示す。

・そのコードにさわってはいけませんよ。（×コードを）

・ぬれた手で電気器具にさわらないでください。あぶないですから。

●体に気をつける **第60課（文の練習２）**

「注意する」「気をつける」の対象は助詞「に」で示す。

・あぶないですよ。車に注意してください。

・かぜをひいている人が多いですね。あなたもかぜに気をつけて。

●のどに悪い **第45課（会話２）**

「のどに悪い」の「に」は、「(のど)に対して(のど)のために」という意。「いい」「悪い」というとき、対象の名詞を「に」で示す。

・たばこはのどに悪い。

・このお茶は体にいいから、たくさん飲みましょう。

●時間に間に合う **第47課（文の練習１）**

「間に合う」は、助詞「に」を取る。

・急いだので、授業に間に合いました。

・急いだのに、10時の新幹線に間に合いませんでした。

●うちを出る **第18課**

「[場所] を 出ます」の文では、起点の場所を「を」で示す。

・朝７時にうちを出ます。

・授業が終わりました。学生が教室を出ます。

・６時に会社を出て、７時にうちへ帰ります。

●学校を休む **第20課**

「～を 休みます」の「休みます」は「本来行くべき所に行かない」という意味。「～」は、学校、会社、仕事、アルバイトなど。これらの語の後に「を」がくる。

・熱がありますから、学校を休みます。

・昨日、仕事を休んで遊びに行きました。

・学校を休まないでください。

●授業を欠席する **第28課　会話１**

「学校を休みます」(第20課) と同じように「欠席する」は助詞「を」を取る。

・山下さんは会議を欠席しました。

・私は明日講義を欠席します。

●会社をやめる **第21課（会話３）**

「やめる」は、助詞「を」を取る。

・友だちは、病気で学校をやめました。

・リストラで会社をやめなければなりません。

●橋を渡る／道をまっすぐ行く／角を曲がる／空を飛ぶ

第24課（形の練習）、第62課（文の練習２）

通過する地点は助詞「を」で示す。この「を」は、「行く」「渡る」「歩く」「走る」「散歩する」「曲がる」などの動詞と共に用いられる。

・道を歩く(×道で歩く)　・車が道路を走る　・公園を散歩する

・交差点を渡る　・川を渡る

・角を曲がる　・あの道を曲がる

●自分で選ぶ　　　　　　　　　　　　　　**第36課（会話３）**

「自分で」は、「人ではなく、自分が(～する)」、「人に相談したり、助けを借りたりしないで（～する)」といった意味。このような意味では「自分が／自分は」と言わない。

・Ａ：このケーキ、おいしいね。どこで買ったの。
　Ｂ：あ、これは私が作ったケーキよ。
　Ａ：え、ほんとう？ 自分で作ったの？

●一人で行く　　　　　　　　　　　　　　**第38課（会話２）**

一人／～人／みんな／家族／クラス　＋「で」

・先週、母と二人で京都へ行きました。
・みんなで食事をしましょう。

●５、６万で買える　　　　　　　　　　　　　　**第64課（会話１）**

動詞「買う」「売る」と共に値段を言うときは、値段を助詞「で」で示す。

・このかばん、定価は56,000円なんですが、安売りの時、41,000円で買いました。
・これと同じカメラが28,000円で売っていた。私は35,000円で買ったのに。

●（人）といっしょに　　　　　　　　　　　　　　**第８課（会話１）**

〔人＋と～ます〕の形で、行動を共にする人を示す。副詞「いっしょに」を伴って、「～といっしょに～ます」とも言う。行動を共にする人がいない場合は、
「一人で」を使う。

・ヤンさんと（いっしょに）映画を見ました。
・友だちと（いっしょに）勉強します。
・Ａ：だれと映画を見ましたか。
　Ｂ：一人で見ました。

●「……」と言う　　　　　　　　　　　　　　**第59課（会話１，２）**

〈父は私に「お金は大切に使え」と言うんです。〉この「と」は、言う内容を示す。
「～と思う」「～と考える」の「と」も同じく、思う／考える内容を示す。

・サリさんは、休みにインドへ帰りたいと言っています。
・ロシア語は難しいことばだと言われています。
・日本語の勉強はおもしろいと私は思います。

●ぼくの母と同じ　　　　　　　　　　　　　　**第60課（会話１）**

「Ａ＝Ｂ」を文にすると、「ＡはＢと同じだ／同じです」となる。

・サリさんのかさは、ヤンさんのかさと同じです。

「Ａ≠Ｂ」の場合も「と」で示し、「ＡはＢとちがう／ちがいます」となる。

・あの人の考え方は、私の考え方とちがう。

●（Ａ）か（Ｂ）　　　　　　　　　　　　　　**第13課**

「か」は「ＡまたはＢのどちらか一方」という意を表す。

・毎朝牛乳かジュースを飲みます。

・今度の土曜日か日曜日に京都へ行きます。
・コンピューターかワープロがほしいです。

●（駅）から（近い）　　第６課

〔基点となる【場所】＋から〕、〔基点となる【時】＋から〕の形で、基点となる場所からの距離、または基点となる時点からの期間を表す。

・私の家は駅から遠い。
・来週の月曜日から１週間、学校は休みです。

●二日も休んで　　第43課（会話２）

「数量＋も」は、数量が「多い」ということを表す。

・ゆうべはビールを10本も飲んだ。

「少ない」ということを表す「〜しかない」（第27課）の反対の意をもつ。「多い」「少ない」は客観的なものではなく話者の判断による。

・毎晩４，５本飲むのに、ゆうべは２本しか飲まなかった。
・毎晩１本しか飲まないのに、ゆうべは２本も飲んだ。

●〜よ（おもしろかったですよ）　　第８課（会話１）

「よ」は文末で用いる。「相手の知らない情報を与える」という意を表す。
目上の人に対して使うと、押し付けがましくて、失礼になるので、フォーマルな会話では目上の人には使わない。

・Ａ：あそこのレストランへ行きましたか。
　Ｂ：いいえ。
　Ａ：おいしいですよ。
　Ｂ：そうですか。
・ヤン：サリさん、授業が始まりますよ。
　サリ：はい。
・社員：社長、会議が始まります。
　社長：そう。

●〜ね（おいしいですね）　　第６課

「ね」は文末で用いる。

１．相手の同意を求める。または、相手に同意する。
・Ａ：今日は暑いですね。
　Ｂ：そうですね。
２．確認する。
・Ａ：明日来ますね。
　Ｂ：はい、来ます。
・Ａ：テストは来週の火曜日の10時からです。
　Ｂ：火曜日の10時ですね。

●いいわね／わからないわね。 **第47課（会話２）**

「～わね」は助詞「わ」と「ね」を重ねた言い方。文末につける。意味はほとんどないが、気持ちを込めたり、相手に軽く確認する機能を持つ。「わ」は主に女性が使うことば。したがって、「わね」も女性のことば。

・今日は寒いわね。

・あなたも来るわね。来るでしょう。

ユニコムのホームページ http://www.unicom-lra.co.jp の「にほんご90日」のコーナーでは内容見本をご覧いただけるほか、ご質問・疑問に著者が答える【Q&Aコーナー】を設けています。「にほんご90日」シリーズの内容、あるいは教え方に関してのご質問を受け付けていますので、どうぞご利用ください。

にほんご90日　教師用Navi［初級文法ハンドブック］

90 Days of Japanese Language

2001年4月10日 初版発行　　2007年２月20日 第３刷発行

著　者　：星野恵子／辻　和子／村澤慶昭©

イラスト　：島村真司

発行者　：片岡　研

印刷所　：大野印刷株式会社

発行所　：UNICOM Inc.（株）ユニコム

Tel:(03)5496-7650 Fax:(03)5496-9680

〒153-0064　東京都目黒区下目黒1-2-22-1004

http://www.unicom-lra.co.jp

Printed in Japan